세상에 대하여 우리가 더 잘 알아야 할 교양

글 데이비드 다우닝(David Downing)

데이비드 다우닝은 영국 런던에서 태어나 매우 다양한 시와 노랫말을 썼습니다. 록 음악 잡지 〈Let It Rock〉에서 일했으며, 〈Sounds〉, 〈Melody Maker〉, 〈NME〉 같은 영국의 음악 잡지에 프리랜서로 글을 쓰기도 했습니다. 육로로 인도를 여행하기도 했습니다. 1975년 생애 첫 번째 책 《Future Rock》을 펴낸 뒤 프리랜서 작가로 활동했습니다. 다우닝의 책은 대체로 현대적인 문화(록 음악과 영화) 또는 정치 및 군사 분야의 역사를 담고 있습니다. 사실과 허구가 섞인 대표적인 두 작품이 있습니다. 제2차 세계대전에 관한 내용을 담은, 회고적인 성격의 《The Moscow》와, 앞날을 내다보는 성격의 《Russian Revolution 1985》입니다.

다우닝은 세 번에 걸쳐 소비에트 연방을 여행했으며, 지역환경센터의 창립에 깊숙이 관여하기도 했습니다. 1989년 10주에 걸쳐 남아프리카공화국을 육로로 여행했고, 1991년 8주 동안 멕시코를 누비기도 했습니다. 1993년 미국 매사추세츠 주 보스턴으로 이주해 살면서 캐나다의 음악가인 닐 영(Neil Young) 전기문을 썼습니다. 1998년 다시 영국으로 돌아와 축구 관련 책과, 어린이들을 위한 역사책을 다수 썼습니다.

옮긴이 김영배

김영배 선생님은 고려대학교 경제학과를 졸업하고, 〈한겨레〉 경제부 및 정치부 기자로 재정경제부(기획재정부 전신), 국회 등을 출입했습니다. 또 〈한겨레〉 자매지인 시사주간지 〈한겨레21〉 경제팀장, 〈한겨레〉 재정금융팀장, 정책팀장을 지냈습니다. 2010년 7월부터 2011년 7월까지 미국 듀크대학교에 방문 연구원으로 몸담았습니다. 2011년 10월 현재 〈한겨레〉 경제부 금융팀 기자로 일하고 있습니다. 옮긴 책으로 《온라인에서 팔아라》(2008), 《민스키의 눈으로 본 금융위기의 기원》(2009), 《휴버먼의 자본론》(2011)이 있습니다. 《한 줄의 경제학》(2011)을 〈한겨레〉 경제부 이름으로 함께 지었습니다.

감수 전국사회교사모임

1989년 출범한 전국사회교사모임은 학교 현장과의 밀착성을 바탕으로 지금 우리 교실에 꼭 필요하고 적합한 민주시민교육을 위해 끊임없이 노력하는 단체입니다. 사회 교사로서 현실적이고 전문적인 감각을 갖추기 위해 정치·경제·법·문화 등의 책을 함께 공부하고 해당 분야의 전문가를 초청해 강연회를 열고 있습니다. 이를 바탕으로 학생들을 위한 다양한 수업 자료를 개발해 보급하고 있습니다. 학생들에게 살아 있는 사회 수업을 하기 위해 항상 노력하는 선생님들의 모임입니다. 이분들이 번역한 책으로는 세더잘 시리즈 《1.공정무역, 왜 필요할까?》 《2.테러, 왜 일어날까?》 《3.중국, 초강대국이 될까?》 《4.이주, 왜 고국을 떠날까?》 등이 있습니다.

김상희(도봉중학교 교사)
한선아(한영중학교 교사)
장경주(시흥중학교 교사)
이수영(창북중학교 교사)
김준휘(저동고등학교 교사)
박재열(중산고등학교 교사)

세더잘 시리즈 06

세상에 대하여 우리가 더 잘 알아야 할 교양

자본주의, 왜 변할까?

데이비드 다우닝 글 | 김영배 옮김 | 전국사회교사모임 감수

내인생의책

차례

옮긴이의 말 · 7
책을 읽을 학생과 학부모님께 · 10

1. 왜 자본주의 중심가에서 반자본주의 시위가 일어났을까요? 13
자본주의는 사람들의 삶을 더 풍족하게 하였습니다.
그러나 자본주의에 반대하는 사람들도 많습니다.
과연 자본주의는 정확히 무엇일까요? 어디에서 왔고, 어떻게 변해왔을까요?

2. 자본주의는 갑자기 나타나지 않았어요 17
자본주의의 맹아는 어디에서 비롯되었는지, 역사 속에서 찾아봅니다.
또 초기 자본주의의 모습부터 산업혁명까지 살펴봅니다.

3. 본격적인 자본주의의 시작 26
자본주의 작동의 기본 원리에 대해서 알아봅니다.
황금기를 맞이한 자본주의의 모습은 어떠하였을지도 들여다봅니다.

4. 완벽한 자본주의의 어두운 면 32
모든 이들에게 혜택을 안긴 자본주의에도 어두운 면은 있습니다.
사람들에게 고통을 안겨준 자본주의의 이면을 들여다보고,
어떤 결과를 낳았는지 살펴봅니다.

5. 대공황의 소용돌이 속에서 변화하는 자본주의 39

자본주의의 위기, 대공황의 발생과 그를 극복하기 위해 나타났던
수정 자본주의를 알아봅니다.
또 새로운 위기에 맞서 등장한 신자유주의에 대해서도 함께 알아봅니다.

6. 자본주의와 민주주의는 어떤 관계일까요? 48

자본주의는 경제에만 영향을 미친 것이 아니었습니다.
자본주의의 등장으로 말미암아 나타난 정치적 결과는 무엇이었으며,
국가의 통치방식은 어떻게 바뀌었을까요?

7. 공산주의의 몰락은 자본주의의 승리를 뜻할까요? 58

20세기 자본주의에 대한 가장 강력한 도전자였던 공산주의의 등장과 행보,
그리고 그 몰락에 대해 알아봅니다.

8. 후진국의 자본주의는 어떤 모습일까요? 65

선진국의 식민 지배를 받은 후진국에서 자본주의는 어떤 모습으로 발달했을까요?
또 가난에서 벗어나기 위한 후진국의 노력에는 어떤 것들이 있었을까요?

9. 자본주의와 환경 문제는 어떤 관련이 있을까요? 　73
　자본주의 발달로 말미암아 발생한 환경 문제,
　이를 해결하기 위한 노력과 자본주의가 내놓은 해법을 살펴봅니다.

10. 자본주의에게 세계화는 어떤 의미일까요? 　81
　세계화는 선진국과 후진국, 그리고 전 세계 모든 이들에게
　영향을 미칠 정도로 강력한 변화였습니다.
　어떤 결과가 나왔고, 앞으로의 전망은 어떠할까요?

11. 미래의 자본주의는 어떻게 발전해 나가야 할까요? 　89
　지금까지 살펴본 바를 정리해보고,
　앞으로 자본주의가 어떤 식으로 나아가게 될 것인지 생각해 봅니다.

연표 · 96
자본주의 역사에 등장하는 주요 인물 · 99
찾아보기 · 102

옮긴이의 말

_ 김영배(한겨레 경영부 금융팀 기자)

"좀 쉽고 재미난 책은 번역 안 해?"

중학생인 딸아이의 물음 속엔 푸념이 섞여 있었습니다. 미국 듀크대학교 방문 연구원으로 연수 중이던 2011년 초의 일입니다. 이미 번역했던 책이나, 그 당시에 번역하고 있던 책 모두 중학생들이 읽기엔 부담스런 내용이었습니다. 애써 번역한 책이 우리 아이들 또래인 청소년들에게도 쉽게 읽힐 만했으면 좋겠다는 바람은 사실 내게 더 간절한 것이었습니다.

기회는 우연히 찾아왔습니다. 연수를 마치고 그해 7월 귀국한 지 달포 남짓 지난 시점에 내인생의책에서 연락을 받았습니다. 《Capitalism》이란 책을 번역해 펴낼 생각인데, 청소년용이라고 했습니다. 바로 전에 《휴버먼의 자본론》을 번역했다는 사실이 우연찮게 인연을 맺어줬던 것입니다.

영어 원서의 분량은 그리 많지 않습니다. 활자가 클 뿐 아니라, 군데군데 사진, 그림도 큼지막하게 들어가 있어 가볍게 읽을 수 있는 수준입니다.

　책의 서두는 새 천년을 한 달가량 남겨놓은 1999년 11월 말 미국 시애틀에서 벌어진 세계무역기구(WTO) 반대 시위를 다루고 있습니다. 지은이는 자본주의의 성장과 번영의 상징 마천루들이 즐비한 시애틀에서 자본주의 세계화의 대표격인 WTO에 대한 격렬한 반대 구호가 터져 나온 것은 무엇 때문이었고, 시위대의 분노를 촉발한 자본주의라는 게 대체 어떤 것인지에 대해 역사적 맥락 속에서 설명하고 있습니다. 예컨대 15~16세기에 새로 발견된 아메리카 대륙과 아시아 지역으로 가는 길이 열려 무역량이 늘면서 상업 자본주의가 태동하고, 차츰 가내 수공업 방식의 초기 산업 자본주의가 싹을 드러낸 뒤 온전한 자본주의 체제로 발전하는 과정을 압축적으로 보여주는 식입니다.

　서구 근대 경제학의 아버지로 일컬어지는 애덤 스미스의 《국부론》이 자본주의 역사에서 얼마나 중요한 위치를 차지하는지, 또 그에 바탕을 둔 완전 경쟁 자본주의 체제가 어떻게 작동하는지에 대한 설명이 이어집니다. 독점화와 다국적 기업의 출현으로 완전 경쟁 자본주의가 의미를 잃고, 1930년대 대공황 이후 자본주의 체제에 질적 변화가 일어난 것도 이 책의 중요한 소재입니다.

　책의 미덕을 꼽는다면 균형 감각을 들 수 있을 것입니다. 대척점에서 팽팽하게 경쟁했던 상대인 공산주의를 제치고 세계를 제패한 자본주의의 역동성을 높이 평가하면서도, 독점에 따른 폐해,

환경오염을 발생시킨 책임을 빼놓지 않고 다루고 있습니다. 국가 간, 국내 계층 간 양극화의 폐해도 자본주의에서 비롯된 바 크다는 점도 비중 있게 다뤄집니다. 큰 부담 없이 자본주의의 역사를 두루 조감하기에 좋습니다. 자본주의 역사의 변곡점에서 막중한 역할을 수행했던 존 메이너드 케인스, 밀턴 프리드먼, 프리드리히 하이에크 등 대경제학자의 의미를 역사적 맥락에서 파악할 수 있다는 점을 덤으로 얻을 수 있습니다.

번역을 마무리한 직후인 10월, 전 세계는 '월가를 점령하라'는 시위로 떠들썩해졌습니다. 자본주의 경제의 혈맥인 증권가 등 금융시장은 탐욕의 화신이자, 금융위기를 일으킨 장본인이라는 맹비난에 맞닥뜨렸습니다. 금융자본을 비판하는 시위는 한국으로도 번졌습니다. 1930년대 대공황과 1970년대 석유파동(오일쇼크) 뒤 자본주의 체제에 커다란 변화가 있었던 것처럼, 1980년대 이후 득세해 온 시장만능주의(신자유주의)식 자본주의에도 일대 전환이 있을 것이란 관측도 나옵니다. 세더잘 시리즈의 여섯 번째 책인 《자본주의, 왜 변할까?》가 자본주의를 둘러싸고 국내외에서 터져 나오는 파열음을 역사적 시각에서 이해하는 데 도움이 되길 기대해 봅니다. 또 우리 아이들 또래의 청소년들에게 두루 읽히기를 바라마지 않습니다.

책을 읽을 학생과 학부모님께

2011년 9월, 미국 월스트리트는 "월가를 공격하라(Occupy Wall Street)!"라는 슬로건을 내세운 시위대들에 점령당합니다. 이 시위대의 첫 공격상대는 월가의 금융인들이었지만, 점차 자본주의 전체에 대한 대항으로 발전해갑니다. 월가는 자본주의의 상징이라 불릴 만한 곳입니다. 그 심장부에, 자본주의를 완전히 체화한 나라라 할 수 있는 미국의 청년들이 몰려들어 시작된 폭풍은 전 세계로 옮겨 불기 시작했습니다.

인류는 자본주의라는 체제가 당연히 여겨지는 사회에서 살아왔습니다. 몇백 년 동안 그 공고함을 유지하던 자본주의는 변화의 일보직전에 놓여 있습니다. 자본주의는 본래 다른 어떤 대안보다 효율적이며, 사회 전체에 번영을 가져오는 체제라고 여겨졌지만, 더 이상 그 체제가 제대로 작동하지 않고 있는 것입니다. 빈부 격차는 심해지고, 일자리도 점점 줄어드는 가운데, 사람들은 '이대로 가다가는 1퍼센트만이 살아남는다.'는 위기의식을 공유하게 된 것입니다.

  과연 자본주의는 어떤 것이기에, 그동안 역사에서 그토록 많은 사건을 일으켰던 것일까요? 그리고 왜 지금 자본주의는 위기에 처하게 된 것일까요?

  이 책은 자본주의 자체 또는 자본주의로 인해 발생하는 문제를 총체적으로 살펴보고, 앞으로 자본주의가 나아갈 길에 대해서 생각해보기 위해 마련되었습니다. 자본주의는 어디에서 발생했으며, 어떻게 발전했고, 그 와중에 맞이한 위기는 무엇이었는지, 그 위기를 어떻게 헤쳐 나왔는지를 일목요연하게 보여줍니다.

  이 책은 자본주의에 대해 개인 소유를 인정한 경제 체제라고 설명하고 있습니다만, 이 책을 덮을 쯤 여러분은 자본주의란 우리 인간 모두를 잘살게 만들기 위해 사회 구성원 전체가 합의해 구성한 경제 체제라는 것을 알게 될 것입니다. 그렇기 때문에 그동안 자본주의는 사회 구성원의 이익을 제대로 반영하지 못하는 상황이 될 때마다 그 모습을 바꾸어 왔습니다. 세계적인 흐름이 자유를 억압하면(즉 생산력이 부진해지면) 자유를 강조한 자본주의가, 빈부의 격차가 크게 벌어지면 평등을 강조한 자본주의가 나타났습니다. 앞으로도 이러한 흐름이 계속될지, 아니면 아예 새로운 얼굴을 가진 자본주의가 나타날지, 이 책에서는 예측하지 않습니다. 이 책은 입문서이고, 또 그 누구도 미래의 자본주의에 대해 정확하게 예측할 수 있다고 장담할 수 없기 때문입니다. 하지만 오늘날 자본주의는 반드시 변화해야만 살아남을 수 있음을 보여주고 있습니다.

이 책은 자본주의에 대한 가치 평가를 하지 않습니다. 자본주의로 인해 불행한 상황이 발생했다 해서 그것을 모두 자본주의의 탓으로 돌리기보다는, 어떻게 자본주의에 채운 고삐를 잘 조여 인간을 위해 존재하고 봉사하게끔 만들었는지 역사를 되짚어봅니다. 인간이 자본주의의 노예가 아닌 주인으로 존재할 때, 자본주의는 가장 잘 발전했으며, 사람들에게 더 큰 혜택을 주었기 때문입니다.

세더잘 시리즈의 여섯 번째 책인 〈자본주의, 왜 변할까?〉는 '미래 자본주의는 이래야 한다.'는 해답을 주지 않습니다. 대신 책을 읽는 학생들에게 스스로 생각하도록 합니다. 더 공평한 사회를 만들기 위해선 무엇을 해야 할까? 환경오염을 막기 위해 자본주의는 어떻게 변해야 할까? 세계화로 인해 일어난 부작용은 어떤 식으로 극복해야 할까? 이 책을 통해 우리 학생들이 경계와 국경을 넘어 세계적인 시각을 가지고 오늘날의 자본주의의 위치와 앞으로의 향배에 대한 새로운 시각을 가지길 바래봅니다.

1. 왜 자본주의 중심가에서 반자본주의 시위가 일어났을까요?

1999년 11월 말은 새 천년(뉴 밀레니엄)을 불과 한 달쯤 남겨놓은 시점이었습니다. 이보다 10년 앞서 세계적으로 영향을 떨치던 공산주의는 한순간에 무너졌습니다. 그에 따라 이른바 '자본주의'라는 경제 체제가 전 지구를 사실상 통제하게 되었어요. 자본주의는 지난 200여 년 동안 수많은 나라들의 경제적 삶을 관할했고, 그 과정에서 실로 엄청난 부(富)를 생산해냈어요. 서방 세계의 선진국은 1750년대의 조상들에 견줘 대략 20배가량 더 부유해졌어요.

분명히 불평할 일은 없습니다. 자본주의는 여태껏 누구도 감히 기대조차 하지 못했던 풍부한 재화와 풍족한 생활을 인류에게 제공했기 때문입니다. 그런데 세계에서 가장 잘사는 국가의 부자 도시이자, 자본주의의 혜택을 가장 많이 받은 미국 서부의 해안 도시 시애틀에서 거대한 시위가 일어났어요. 자본주의에 대한 저항 시위였지요. 대체 무슨 일이 일어난 것일까요?

시위대들은 수천 명씩 떼를 지어 길거리 곳곳을 행진했어요.

세계 각지에서 수입된, 상상할 수 있는 모든 명품들이 가득한 가게들이 길거리마다 즐비했어요. 그들은 현대식 초고층 건물들의 그늘 속에서 행진했습니다. 마천루들은 자본주의의 성장과 번영을 웅변하는 것들이었죠. 게다가 그곳은 시애틀이었습니다. 텔레비전 시트콤 〈프레이저(Frasier)〉와 너바나(Nirvana) 및 펄 잼(Pearl Jam) 같은 록밴드로 유명한 도시입니다. 이것들은 자본주의가 인류의 자유와 창의를 북돋운다는 증거물로 내세워지던 것들입니다. 지구상에서 자본주의의 세례를 가장 많이 받은 지역을 꼽는다면, 바로 이곳이라 해도 지나치지 않습니다. 그런데 이들은 왜 시위를 벌인 것일까요?

 세계무역기구(World Trade Organization) 약칭은 WTO이고 1995년에 설립된 국제기구다. 주로 우루과이라운드(UR) 협정의 사법부 역할을 맡아 국가 간 경제 분쟁에 대한 판결권과 그 판결의 강제집행권이 있으며, 규범에 따라 국가 간 분쟁이나 마찰을 조정한다.

시위대의 펼침막에는 수많은 문구가 적혀 있었지만, 대부분은 세계무역기구(WTO)를 반대하는 내용이었습니다. 시애틀에서 열리는 WTO 회의가 이 시위를 촉발한 것이죠. 어떤 사람들은 세상에 정의와 공정이 부족하다고 힐난했습니다. 또 어떤 사람들은 좀 더 특정한 목표물을 염두에 두고 나선 것처럼 보였죠. 예컨대 숲을 망가뜨리는 벌목회사, 바이러스처럼 세계 곳곳에 퍼져나간 정크푸드 체인, 동물을 이용해 상품의 안전성을 시험하는 회사들이 그 대상이었습니다.

시위자들의 생각에 이 모든 문제들은 서로 연결되어 있었어요. 이 집회는 인터넷에서 홍보되었습니다. 전 지구적인 항거와 저항의 날이었고, 전 세계 자본주의 체제에 대항하는 축제의 장이기도 했어요.

자본주의가 상점들에 온갖 물건들을 가득 채우고 마천루를 세웠다는 사실에 이견을 가진 사람은 거의 없어요. 하지만 그 사실은 시위대를 분노하게 만든 문제들과 불평등을 초래한 원인이기도 했습니다.

1999년 11월 미국 시애틀의 길거리에서 경찰과 시위자들이 맞서 싸우고 있다. 시위자들의 팻말에는 WTO의 비(非)민주성을 비난하는 문구가 쓰여 있다.

1. 왜 자본주의 중심가에서 반자본주의 시위가 일어났을까요?

자본주의는 정확히 무엇이고 어디에서 비롯된 것일까요? 세계적인 영향력을 행사해온 수세기 동안, 자본주의는 어떻게 변해왔을까요? 자본주의의 혜택을 받았던 이들 가운데서 왜 어떤 사람들은 그토록 날카롭게 자본주의와 맞서고, 심지어 자본주의의 몰락을 바라게 된 걸까요?

2. 자본주의는 갑자기 나타나지 않았어요

본격적인 이야기를 시작하기 전에, 자본주의가 갑자기 이 세상에 나타난 게 아니라, 여느 제도처럼 생성, 성장, 변화해왔다는 사실을 기억합시다. 여러분이 알고 있는 자본주의는 역사 속에서 한 시도 같은 얼굴을 한 적이 없었어요. 이 점을 미리 인지하고 이 책을 읽으면, 자본주의에 대해 이해하기가 훨씬 쉬울 것입니다.

자본주의는 경제 체제입니다. 재화와 서비스가 어떻게 생산되고 거래되는지를 결정하죠. 이 체제는 세 가지 특징을 지니고 있습니다.

첫째, 재산의 개인 소유를 인정합니다. 둘째, 재화와 서비스는 경쟁적인 '자유 시장'에서 교환됩니다. 셋째, 자본(화폐 또는 다른 형태의 부)은 이윤을 목적으로 투자됩니다. 여기서 이윤이란 투자된 부의 증가를 뜻

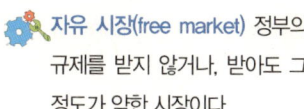

자유 시장(free market) 정부의 규제를 받지 않거나, 받아도 그 정도가 약한 시장이다.

자본(capital) 재화나 서비스를 만들어내는 데 쓰이는 화폐나, 다른 형태의 부(토지 또는 기계류)를 말한다.

합니다. 앞에서 말했듯이, 자본주의는 세계 역사에서 갑작스럽게 등장한 것이 아닙니다. 몇 세기에 걸쳐 발전해왔죠. 서양의 여러 국가 내부에서 자본주의의 영향력은 지속적으로 커졌고, 마침내 전 세계인의 삶에 지대한 영향을 미치게 되었습니다.

> 💲 **이윤(profit)** 지불한 돈보다 회수한 돈이 더 클 때 그 차액. 예를 들어 오렌지를 100원에 사서 150원에 팔았다면, 판매자의 이윤은 50원(150−100=50)이다.
>
> 🔵 **투자(investment)** 이윤을 얻기 위해 어떤 사업에 돈을 투입하는 것을 말한다.

자본주의의 씨앗

사람들은 항상 물건들을 소유했습니다. 또 상품을 거래하기 위한 시장들도 오래전부터 존재했지요. 두 가지 형태의 자본재, 즉 '운전자본'과 '고정자본'은 원시적 농장에서도 찾아볼 수 있습니다. 한 해의 수확물에서 얻어 저장된 씨앗은 그 농장 주인의 운전자본이지요. 그 원재료를 활용해 농부는 다음해의 수확물(이윤)을 창출할 수 있습니다. 씨앗을 심기 위해 농부가 사용하는 괭이는 고정자본입니다. 이 고정자본

> 💲 **운전자본(working capital)** 원료, 보조 재료, 연료와 같이 한 번 쓰면 그 가치가 생산물로 바뀌는 자본이다.
>
> 💲 **고정자본(fixed capital)** 운전자본을 제품으로 전환시키는데 쓰이는 자본이다. 즉 토지, 건물, 기계 따위의 생산 설비 구입에 투자되는 자본이다. 대개는 1년 넘게 보유하며 유통을 목적으로 하지 않는다.

은 운전자본을 활용하기 위해 필요한 것이죠. 하지만 농부는 이 이익을 이윤 극대화를 위해 활용하지 않았습니다. 오직 그 자신과 가족을 부양하기 위해서 사용했을 뿐이었지요. 즉 농부는 수확을 통해 얻은 이익을 더 많은 수확을 위한 씨앗을 얻는 데 투자하지 않고, 자신과 가족의 식량으로 모두 소비한 것입니다.

그리스·로마 시대에 접어들면서 이윤을 얻기 위해 고정자본(예:한 무리의 낙타 부대)과 운전자본(예:비단 화물)을 이용하는 상인과 무역업자들이 늘어났어요.

옷감을 구하기 위해 직공에게 돈을 지불하고 있는 양모 상인 길드 소속의 관리가 나오는 중세 시대의 채색 필사본. 길드는 직공들의 임금을 조정했다.

하지만 그리스·로마 시대부터 몇 세기에 걸친 기간 동안 경제 전반에서 이런 사람들이 차지하는 역할은 작았어요. 시간이 지나면서 이들의 역할은 점점 커져갔지만, 장애물이 있었습니다. 바로 중세 유럽의 수공업자와 무역업자들이 만든 조직인 길드(guild)였습니다. 길드에서는 공동체의 제품 가격과 임금 수준을 마음대로 결정했어요. 이 때문에 개인들이 재화나 노동을 더 싸게 공급하여 서로 경쟁하는 게 불가능했습니다. 또한 돈을 빌려주는 것을 죄악시하는 종교적인 편견이 널리 퍼져 있었고요. 이 때문에 사업을 시작하기 위해 자본을 모으거나, 사업 확장에 필요한 자본을 끌어다 대는 일도 어려웠죠. 이윤을 얻은 사람들은 이익을 더 극

> **부의 창출에 대한 인류의 생각**
>
> 부를 쌓는 것에 대해 인류는 대개 적대적인 모습을 보였다. 기독교의 성경에서는 '속히 부자가 되려는 사람은 벌을 면치 못하리래(잠언 28장 20절).'고 경고했다. 또 이슬람교의 경전 코란에서는 빌려준 돈에 이자를 붙이는 것을 불허했다. 다른 종교들도 이윤에 관해 비슷한 금기가 있었다. 자본주의가 지배적인 경제 체제가 되면서 이러한 돈에 대한 태도가 많이 바뀌어갔다. 하지만 인도의 정치 및 종교 지도자인 마하트마 간디는 1948년까지도 '원래 물건 값보다 더 많은 이익을 요구하는 사람은 도둑보다 나을 게 없다.'고 말할 정도였다. 이러한 태도는 특정 사회에 여전히 강하게 남아 있다.

대화하는 데 이윤을 활용하기보다는, 좋은 옷과 멋진 집을 마련하는 데 써버렸습니다. 이렇게 오랫동안 자본주의는 사람들에게 외면을 받았어요.

초기 자본주의 – 상업 자본주의

무역량이 늘어나고 화폐 사용이 확산됨에 따라, 북유럽과 서유럽에서는 점차 작은 규모의 자본주의적 활동이 늘어나고, 또 그 중요성도 커져갔습니다. 15~16세기에 아메리카 대륙과 아시아로 가는 길이 열리면서 무역량은 대폭 증가하게 됩니다. 이는 상업 자본주의('상업'은 '무역'의 다른 표현) 시대를 열었습니다. 대부분의 자본 – 선박에 실려 바다를 건너다니는 재화 – 은 여전히 운전자본이었습니다. 하지만 새로이 성장하는 무역에 필요한 선박, 부두 시설 같은 고정자본 형태의 재화도 크게 늘었지요.

같은 시기에 가정에서 옷감을 만드는 일도 늘어났습니다. 상인들은 원료인 양모(운전자본)를 각 가정으로 배달했어요. 그곳에서는 옷감을 짜 옷을 만드는 원시적인 기계(고정자본)를 활용하고 있었죠. 이러한 일처리 방식은 완전한 자본주의로 가는 중간적인 형태였습니다. 이러한 비상근(한정된 날 또는 시간에 출근하여 근무) 시간제 가내 노동자들은 200년이란 긴 시간이 흐른 뒤엔 엄중한 감시 아래에서 임금을 받고 일하는 전임 노동자가 됩니다.

1720년 브리스톨(Bristol)의 부두 시설 자본주의 아래에서 세계 무역량이 팽창함에 따라, 브리스톨 같은 항구 도시들은 점점 더 번창했다.

친자본주의적 분위기

유럽 국가의 경제에서 자본주의의 중요성이 커짐에 따라, 화폐와 부의 창조에 대한 사람들의 태도도 변해갔습니다. 그리고 각국 정부는 자국 상인과 무역업자들이 다른 나라 상인과 무역업자들에 맞설 수 있도록 적극적으로 지원하기 시작했어요. 자본가들의 몸값은 점점 높아져 옛 지배계급인 지주귀족들보다 인기가 더 좋아졌지요.

전통보다 논리적 사고를 더 중시한 계몽주의 시대에 이르면, 자본주의의 앞날은 더 밝아집니다.

자본주의는 16세기 종교개혁 동안에 이루어진 개신교의 성장에 힘입어 더욱 성장하게 됩니다. 개신교도들은 자연이 개척되기 위해 존재하며, 열심히 일하고 저축하는 것은 미덕이고, 부는 신이 준 보상이라고 믿었어요. 이렇게 부에 대한 사람들의 태도도 개신교의 영향으로 적대적에서 호의적으로 바뀐 것이죠. 이러한 흐름에 힘입어 자본주의는 번창할 수 있었어요. 자본주의와 개신교의 승리가 거의 동시에 이뤄진 것은 우연의 일치인 것 같지 않게 느껴집니다. 하지만 역사학자들은 둘 사이의 연관관계에 대해 아직 정확한 의견 일치를 보지 못하고 있어요.

 계몽주의 시대(Enlightenment) 18세기에 유럽의 많은 철학자들이 전통보다는 이성과 개인주의에 더 중요성을 부여했던 시기를 일컫는다.

 종교개혁(Reformation) 16~17세기 유럽에서 로마 가톨릭 교회의 쇄신을 요구하며 등장했던 개혁 운동이다. 이를 통해 개신교가 생겨났다.

 개신교(Protestantism) 16세기 종교개혁 때 서유럽 가톨릭교회로부터 갈라져 나온 기독교 분파에 붙여진 이름이다.

산업혁명

산업혁명은 자본주의라는 불꽃에 기름을 부은 격이었어요. 18세기에

 산업혁명(Industrial Revolution) 농업 위주의 경제가 대규모 공장 생산 방식에 바탕을 둔 경제로 전환된 것이다. 18세기 영국에서 시작되었다.

접어들면서 각종 기계의 발명과 기술적 진보에 힘입어 자본주의는 빠르게 여러 사회로 퍼져나갔어요. 역사가들은 이 시기를 산업혁명이라고 부릅니다. 영국의 섬유 산업은 처음으로 산업혁명의 변화를 겪었지요. 하그리브스(Hargreaves)의 다축(多軸)방적기와 아크라이트(Arkwright)의 수력방적기 같은 기계의 발명과 확산은 전통적으로 여성들의 몫이었던 비상근 가내 경제 활동을 공장 생산으로 변화시켰어요.

더 싼 옷감을 만들 수 있는 기계를 소유하는 것은 막대한 이윤을 거둘 수 있다는 뜻이었어요. 게다가 그들은 더 많은 옷감을 만들 새로운 기계를 들여오는 데 새로 얻은 이윤을 투자했어요. 영국뿐만 아니라 다른 나라의 모든 전통적인 옷감 생산자들은 안간힘을 쓰며 공장과 경쟁을 벌였지요. 하지만 1850년에 이르면 영국의 공장에서 생산된 면제품은 전 세계 시장의 절반을 차지하게 됩니다.

18세기 아크라이트가 발명한 정방기(精紡機)의 복제품. 이전 방식보다 더 빠르게 양모에서 실을 뽑아낼 수 있었다.

똑같은 상황이 다른

모든 산업에서도 벌어졌어요. 18세기 후반과 19세기 초반에 광산, 제철소, 도자기 공장 등의 고정자본(기계)이 영국과 유럽, 북아메리카 전역으로 퍼져 운전자본(석탄, 철, 도자기)을 이윤으로 바꿔 놓았습니다. 이 이윤도 다시 투자되어 더 많은 이윤을 만들어냈고, 자본 확충으로 이어졌습니다. 19세기 중반쯤에 이르면 자본주의는 서구 경제에서 가장 강력한 힘을 행사하게 되지요.

3. 본격적인 자본주의의 시작

18세기 후반, 스코틀랜드의 철학자이자 경제학자인 애덤 스미스(Adam Smith)는 《국부론(An Inquiry into the Nature and Causes of the Wealth of Nations)》이라는 책을 썼어요. 그는 이 책에서 자본주의가 어떻게 작동하는지 설명했습니다. 그리고 자본주의가 자본을 가진 행운아뿐만 아니라, 모든 이들에게 이익이 돌아가도록 작동한다고 주장했어요.

특정한 조건들, 즉 개인 소유가 인정되고, 사람들이 자유 시장의 경쟁적인 판매자와 구매자들 사이에서 선택할 수 있다는 조건이 충족되면, 한 사람의 이윤 추구 행위는 그 자신뿐 아니라 공동체 전체에 이윤으로 돌아올 것이라고 주장했습니다. 스미스는 시장의 '보이지 않는 손'이 모든 사람들의 이윤을 위해 작동한다고 했어요.

자본주의는 어떻게 작동하는가?

왜 한 사람의 이익이 다른 사람의 손실로 이어지지 않을까요? 애덤 스미스에 따르면, 자본주의는 다음과 같은 식으로 작동합니다. 예를 들어 기업가가 모직담요 제조공장을 짓는 데 필요한 기계를 사들이기 위해 자금을 빌립니다. 담요 1장을 만들기 위해 그 기업가가 지불한 비용에는 빌린 자금에 붙는 이자, 노동자 임금, 공장 임대료 또는 저당 비용, 연료 값, 양모와 염료 같은 원재료 비용 따위가 포함돼요. 따라서 기업가가 이윤을 남기려면 담요를 만드는 데 들인 비용보다 더 높은 가격을 고객들에게 물려야 하겠지요.

이 기업가가 사용한 비용의 두 배 정도를 고객에게 요구한다면 더 많은 이윤을 거둘 수 있을텐데, 왜 그렇게 하지 않을까요? 애덤 스미스의 대답은 간단합니다. 기업가는 그렇게 할 수가 없거든요. 즉 자유 시장에서 다른 담요 제조업자들과 경쟁하고 있기 때문입니다. 기업가가 가격을 올려 과도하

애덤 스미스(1723~1790) 스코틀랜드의 경제학자이자 철학자. 많은 이들이 그를 현대 경제학의 창시자로 여긴다.

3. 본격적인 자본주의의 시작 **27**

게 이윤을 얻으려고 하면, 고객들은 더 싼 값을 부르는 경쟁자들의 담요를 사게 되지요. 그래서 가격을 높일 수가 없답니다. 곧 시장 경쟁은 가격을 아래쪽으로 끌어내려 고정시키는 것입니다.

시장 경쟁에서 이기기 위해 기업가는 비용절감을 하려고 노력합니다. 더 생산적인 기계와 더 적은 노동자들을 활용하는 게 효율적이겠지요. 그가 먼저 비용 절감을 하지 않으면 경쟁자가 먼저 할 것이고, 그럴 경우 기업가는 망할지도 모릅니다.

계속되는 이윤 추구에 따라 전반적인 기계의 성능은 향상되었어요. 모든 기업가들은 경쟁자들보다 생산비용을 낮추려 안간힘을 썼어요. 새로운 제조법을 개발하고, 사람들의 욕구를 반영한 새로운 물건을 고안하는 한편, 물건을 내다 팔 국내외의 새로운 시장을 탐색하는 등 이윤을 남길 수 있는 것이라면 뭐든 했습니다.

자본주의의 황금시대

스미스가 예견한 대로, 19세기 전반 동안 자본주의는 정말 눈부시게 발전해 나갔어요. 하지만 대부분의 사업체들은 여전히 개인이나 가족의 소유였지요. 수많은 주주들이 사업체를 소유하는 게 보통인 오늘날과는 다른 형태이지요. 또한 오늘날의 회사 기준으로 보면 작은 기업체들이었습니다. 기업들은 치열하고 공개적으로 경쟁을 펼쳤고, 이런 경쟁은 소비자들에게 혜택을 안겨줬어요.

그 시대 사람들은 근검과 절약을 숭상했지요. 이 힘은 투자로 이어질 수 있었어요. 사람들은 새로운 일을 시도하는 위험을 기꺼이 감수하는 이들을 존경했고, 이는 혁신을 이끌어냈죠. 이른바 자본주의의 황금기가 열린 것입니다.

1851년 영국 런던에서 만국박람회가 열렸습니다. 자본주의의 발전을 축하하는 자리였습니다. 수많은 사람들이 인간의 생활 방식을 변화시킨 놀라운 기계들을 구경하러 몰려들었습니다. 자본주의의 '적'들조차 그 어마어마한 변화상에 압도당했지요. 이보다 3년 앞서 칼 마르크스와 프리드리히 엥겔스는 그들의 저서 《공산당 선언(Communist Manifesto)》에서 '자본주의는 1백 년도 채 안 되는 기간 동안 그 이전의 모든 세대들이 이룬 것을 모두 합친 것보다 더 거대하고 엄청난 생산력을 창출했다.'고 고백했지요.

 칼 마르크스(Karl Marx, 1818~1883) 독일의 철학자, 경제학자이자 정치학자. 사회 발전에 관한 그의 이론은 사회주의와 공산주의의 탄생으로 이어졌다. 가장 중요한 저작은 《자본론》이다. 이 책은 자본주의를 세밀하게 조사하고, 자본주의의 필연적인 몰락을 예언했다.

 프리드리히 엥겔스(Friedrich Engels, 1820~1895) 독일의 철학자, 경제학자이자 정치학자. 마르크스가 죽은 뒤에 마르크스의 원고에 기초한 《자본론》의 완성에 심혈을 기울여 제2, 3권을 간행하였다.

1851년 런던에서 열린 만국박람회에서 방문자들이 전시된 최신 기계들을 보며 경탄하고 있다.

　19세기에서 20세기로 넘어갈 때까지도 자본주의의 잽싼 발걸음은 조금도 늦춰지지 않았어요. 석유와 전기에 바탕을 둔 새로운 산업의 발흥, 유인(有人) 비행기와 자동차의 개발 등이 사람들의 생활 방식과 대지의 모습까지도 바꿔놓았어요. 1914년 8월 제1차 세계대전이 터질 즈음, 유럽과 북아메리카에 전근대적인 지역은 극히 일부밖에 남지 않았어요. 자본주의는 곳곳에 화려한 도시와 빠른 기계를 들여왔습니다. 빠르게 성장하는 자본주의 경제는 더 많은 사람들에게 교육의 혜택을 베풀었고, 민주주의를 확장시켰으며, 문화를 풍성하게 하였죠.

주식시장과 주주들

　기업가들은 사업체를 빨리 성장시키기 위해 때때로 잉여 자본을 필요로 한다. 동시에 많은 투자자들이 자신의 적은 돈으로 이윤을 얻고자 한다. 이에 따라 기업가들이 사업체의 주식을 팔고, 거둔 이윤을 그 주식 지분에 따라 지불하는 방식이 생겨났다. 이런 주식은 주식거래소라는 시장에서 매매됐다. 그러면서 개인 사업체는 점차 줄어들고, 대부분 수천 명의 주주가 소유하는 방식으로 바뀌어갔다. 런던의 더시티(The City)와 뉴욕의 월스트리트(Wall Street) 같은 주식거래소들은 자본주의 경제의 핵심으로 자리 잡았다.

 주식(shares) 회사 소유권을 대표하는 증명서로, 이를 구입한 사람들은 주주로서 이윤의 일부를 취할 권리를 보유한다.

4. 완벽한 자본주의의 어두운 면

많은 사람들은 자본주의가 이룬 엄청난 성공의 과실을 즐겼습니다. 유럽과 북아메리카 지역의 사람들이 특히 많은 혜택을 누렸지요. 하지만 19세기 말에 이르자, 사람들의 마음 한 켠에 의구심이 자라기 시작했습니다. 자본주의가 창출한 거대한 부를 위해 너무나 많은 사람들이 희생을 해야 했기 때문이죠. 무엇보다 자본주의라는 제도는 애덤 스미스가 묘사했던 단순한 모습에서 크게 달라져버렸습니다.

달라진 세상

새로운 산업 지대에서의 노동조건은 열악했어요. 기계는 위험했고, 공기는 독성 물질로 가득 차 있었죠. 인류 역사상 처음으로 수백만 명이 다른 사람의 감독 아래에서 정해진 시간 동안 일을 했어요. 하지만 노동자에겐 그들이 무엇을 만들지, 얼마나 빨리 일을 할지, 그들의 손으로 만들어진 제품이 그 뒤 어떻게 되는지에 대한 발언권이 없었어요. 그들은 기계의 톱니바퀴에 지나지 않는 존재로 전락해버리고 말았습니다.

일부 자본가와 관리자들은 노동자들의 근로조건을 개선하고, 노동자들을 인간답게 대우하려고 노력했어요. 하지만 자본주의 체제 아래에서는 이윤 추구가 항상 최우선이었지요. 자본가의 사업체가 비용을 절감해야 할 경우, 노동자의 임금을 낮추거나 해고하는 게 가장 손쉬운 방법이었죠. 게다가 노동자들은 시골에서 도

암흑의 시대

'그곳은 각종 기계와 거대한 굴뚝으로 뒤덮인 마을이었다. 뱀 같은 연기는 끊임없이 구불구불 쏟아져 나왔다. 이것이 멈추는 일은 없었다. 마을에는 검은 운하가 흐르고 있었고, 강물은 악취를 풍기는 자줏빛 염료로 오염돼 있었다. 창문으로 뒤덮인 건물에서는 하루 종일 덜거덕 쿵쿵거리는 소음이 그치지 않았다. 그곳에선 증기기관의 피스톤이 오르락내리락 단조롭게 작동했다. 그건 마치 정신착란 상태의 우울한 코끼리 머리 같았다.'

― 영국의 작가 찰스 디킨스(Charles Dickens)가 산업혁명 때의 참상을 담은 소설 《고된 시기(Hard Times)》에서 가상의 마을 코크타운(Coketown)을 묘사한 대목

시로 이주했기 때문에, 더 이상 농사지을 수 없어 스스로를 부양할 수 없는 상태였습니다. 그들은 임금과 고용주의 의사에 자신들의 생명을 전적으로 맡기고 매달릴 수밖에 없었습니다.

물론 더 많은 가족 구성원들이 직업을 가진다면 돈을 더 많이 벌 수 있었습니다. 그래서 자본주의 초기에는 여성과 어린이들도 장시간 노동에 시달렸어요. 물론 노동조건은 열악했죠. 하지만 그런 공장에서 일하는 게 생계를 꾸려갈 수 있는 유일한 수단이었기 때문에 어쩔 수가 없었습니다. 자본주의 체제는 싼 값의 노동력이

20세기 초 미국 조지아 주의 방적공장 내부 이 두 소년은 낮은 임금을 받고 장시간 일했다.

있었기에 발전할 수 있었습니다. 하지만 그에 따라 자본주의에 대한 분노도 커져갔습니다. 자본주의는 이전 세대들이 꿈꾸었던 것보다 더 큰 부를 창출했지만, 극소수 사람들만 그 혜택을 누릴 수 있었습니다. 이는 누가 봐도 결코 공정하지 않았죠. 많은 사람들이 불안과 가난, 질병으로 고생했습니다.

자유 시장과 점점 더 멀어지는 시장

19세기 후반 들어 노동자들은 자본주의 개혁 조치를 지지하였습니다. 그들은 노동자를 위한 노동조건을 개선하고, 이윤을 더 많이 배분하는 한편, 노동자의 법적 권리를 확대할 것을 요구했어요. 그들은 일을 할 수 없는 사람들, 즉 늙었거나 일거리가 없는 사람들을 위해 정부가 뭔가 해야 한다고 주장했어요.

노동자들은 노동조합을 결성해 고용주들을, 사회주의 정당은 정부를 압박했어요. 19세기 말과 20세기 초에 걸쳐 이런 압력은 성과를 거두었습니다. 선진국들에서 노령 연금과 실업 급여 제도가 도입된 것입니다.

하지만 이런 제도의 시행은 노동자

노동조합(trade unions) 임금과 노동조건을 보호하고 개선하기 위해 노동자들이 결성한 기구다.

사회주의(socialism) 개인의 단기적인 바람이나 욕구보다 공동체 전반의 요구를 더 강조하는 정치사상을 말한다.

실업 급여(unemployment benefit) 정부가 실업자들에게 정기적으로 지급하는 돈이다.

혼잡스럽고 오염된 산업지대를 담은 19세기의 그림 이 시대 시골 지역의 주거지들은 보기엔 고풍스러웠지만 사실은 굉장히 오염되어 있었다.

의 임금이 자유 시장에서 형성된 가격보다 높게 책정되는 상황을 만들었습니다. 게다가 자본가들은 제품 가격을 더 높게 매기면 올라간 임금을 상쇄시킬 수 있다는 사실을 알아차리고 가격을 올렸어요. 또 19세기 후반이 되면서 사업체의 규모는 점점 커져 각 산업별 업체의 수는 줄어만 갔습니다. 그 결과, 공정한 열린 경쟁은 점점 사라져 갔습니다.

예를 들어, 시장에 3개의 담요 제조업체들만 남아있다면, 이 회사들의 소유주들이 담요 가격을 얼마로 정할지 비밀리에 합의하는 건 아주 쉬울 것입니다. 정부는 업체들이 이런 방식으로 담합하려는 것을 막으려고 했어요. 1890년대 미국의 반독점법이 그 예입니다. 하지만 이 법은 그리 큰 효과를 거두지 못했죠.

국가 간 무역도 덜 자유로운 시장

 반독점법(anti-trust laws) 기업체들이 자유 시장에서 매겨지는 가격보다 더 높게 책정하고자 연합체를 형성, 사적 협정을 맺는 행위를 막기 위한 법이다.

에서 이뤄졌습니다. 19세기 동안 자본주의 세계에서 선도자 역할을 맡았던 영국은 자연스럽게 국가 간 무역을 증진시키는 데 힘을 쏟았어요. 영국의 생산품은 저렴한 대신 품질은 더 좋아 해외에서 잘 팔렸어요. 하지만 영국과 경쟁하려던 나라들의 사정은 정반대였어요. 그래서 이 나라들은 자기 나라의 산업을 보호하기 위해 보호정책을 채택했습니다. 이는 자유무역을 질식시켰을 뿐 아니라, 국제 관계에도 독소가 되었습니다.

1900년에 이르자, 애덤 스미스가 그렸던 자유 시장은 사라지

공장 노동은 정신을 멍하게 할 정도로 지루했다. 1920년대 영국 리버풀 공장에서 일하는 여성 노동자들이 비스킷에 착색 설탕을 입히고 있다.

4. 완벽한 자본주의의 어두운 면   **37**

고, 자본주의는 심각한 문제와 맞닥뜨리게 됩니다. 자본주의 체제는 여전히 부를 창출하는 놀라운 역량을 보여주었지만, 국내외에서 심각한 갈등을 부추기는 이유가 되었습니다.

자유무역과 보호주의

자유 시장에서는 가장 효율적인 기업이 번창하고, 비효율적인 업체는 몰락한다. 국제적인 차원에서 예를 들어보자. A국의 효율적인 철강 산업은 번성하고, B국의 비효율적인 철강 산업은 몰락해 B국의 수요자들이 A국으로부터 철강을 구매하게 되는 상황이 된다. A국 정부에게는 이런 상황이 바람직할 것이다. A국의 노동자들은 더 많이 고용될 것이고, 철강 수출은 이윤을 키워줄 것이다. 철강 부문에 관한 한 A국은 자유로운 국제시장 또는 자유무역을 찬성한다.

반면 B국 정부는 이런 상황을 탐탁해 하지 않는다. 철강 산업체의 노동자들이 일자리를 잃게 되고, 외국의 철강을 사들이느라 비용을 지불해야 하기 때문이다. B국은 A국으로부터 들어오는 철강에 수수료 또는 관세를 부과함으로써 자국의 철강 산업을 보호하고자 한다. 이에 따라 A국의 철강은 B국에서 이전보다 훨씬 더 비싸지고, B국의 철강 산업은 자국 시장에서 A국의 철강과 경쟁할 수 있게 된다. 이처럼 자국 산업을 보호하기 위해 관세를 활용하는 것을 보호주의라고 부른다.

 관세(tariffs) 국경을 넘어 들여오는 상품에 부과하는 세금이다.

5. 대공황의 소용돌이 속에서 변화하는 자본주의

　제1차 세계대전은 세계 경제의 균형을 무너뜨렸습니다. 영국과 프랑스, 독일과 같은 참전국들의 재정은 군비 때문에 바닥이 드러나고 말았죠. 반면 미국과 일본 같은 나라들은 번영을 누렸습니다. 독일에게 전쟁을 일으킨 대가로 배상금을 물도록 한 전승국들의 결정은 사태를 더 악화시키고 말았어요. 결국 1920년대 들어 서유럽 경제는 깊은 질곡에 빠졌습니다. 세계 경제의 주도권은 영국에서 미국으로 넘어가버리고 말았어요. 미국인들은 자본주의가 정치인들의 간섭 없이도 잘 굴러갈 것이라고 굳게 믿었어요. 이 말은 정부의 간섭 없이도 자유 시장 체제가 잘 돌아갈 것이라고 확신했다는 뜻입니다.

 배상금(reparations) 전쟁을 일으켰다가 패전한 쪽이 승전한 쪽에 지급하는 피해 복구 자금을 말한다.

대공황

그러나 미국인의 믿음은 틀린 것으로 드러났지요. 1925년에서 1928년 사이 선진국들은 눈부신 성장을 거듭했습니다. 하지만 1929년 미국 주식시장의 대폭락이 미국 경제의 붕괴를 촉발했을 때, 이미 미국에는 경기침체의 신호가 나타나 있었지요. 미국 경기침체는 전 세계 경제의 위축으로 이어졌습니다. 이른바 대공황이었습니다. 수년 동안 세계 도처에서 수천 여 기업들이 파산했고, 수백만 노동자들이 일자리를 잃었으며, 무역은 붕괴되었어요. 자본주의의 성장엔진은 거꾸로 돌아가는 듯했습니다. 성공이 성공을 창출하는 대신, 실패가 실패를 낳는 현상이 반복됐어요.

자본주의는 더 이상 작동하지 않는 체제처럼 보였어요. 심지어 도덕적인 결함을 지닌 것처럼 보이기도 했죠. 배고픈 사람들에게 지불 능력이 없다는 이유만으로 우유를 주지 않고 버리는 일이 어떻게 정당화될 수 있는지 사람들은 의문을 제기하기 시작했어요. 훗날 잘못된 판단으로 판명나긴 했지만, 당시 다수의 비판자들은

> **대폭락(Great Crash)** 1929년 10월 뉴욕증권거래소에서 나타난 주식 가치 급락. 대공황을 촉발시킨 요인이다.
>
> **대공황(Great Depression)** 1929년께 시작된, 엄청난 경제적 곤경의 시기. 1933년에 절정에 달했으며 그 뒤에도 10년가량 계속됐다. 세계 대부분의 나라들이 영향을 받았다.

공산주의나 파시스트 국가들이 자본주의 국가들보다 대공황에 대처하는 능력이 더 낫다고 생각했어요.

> ### 전후 블루스(Post-war blues)
> '그것은 지적이지 않다. 그것은 아름답지 않다. 정당하지 않고 도덕적이지 않다. 그리고 그것은 제 할 일을 하지 않는다.'
>
> – 세계 대전의 후유증에 빠진 국제 자본주의를 묘사한 영국의 경제학자 존 메이너드 케인스(John Maynard Keynes)의 글〉

수정 자본주의

대공황에 직면했으면서도 미국, 영국, 프랑스 등 선진국의 정부는 자본주의가 스스로 문제를 해결할 것이라고 믿으며 헛되이 기다렸어요. 그러나 그런 일은 일어나지

대공황 동안 흔하게 볼 수 있었던 미국 실업자들의 대기 행렬

5. 대공황의 소용돌이 속에서 변화하는 자본주의 **41**

영국의 경제학자 케인스는 누구보다 일찍 자본주의에는 규제가 필요하다고 주장한 인물이었다.

않았죠. 그때서야 각국 정부는 정부가 해결해야 한다는 사람들의 말에 귀를 기울였습니다.

자본주의 비판자로 가장 유명한 사람은 영국의 경제학자 존 메이너드 케인스(John Maynard Keynes, 1883~1946)였어요. 그는 애덤 스미스가 묘사한 완벽한 자유 시장 체제 자본주의는 더 이상 존재하지 않는다고 오랫동안 주장했습니다.

기업체와 노동조합은 상품의 가격과 임금을 함께 상승시켰어요. 이 때문에 시장은 자유롭게 작동할 수 없었고, 자본주의는 더 이상 규칙대로 움직일 수 없게 됐지요. 자본주의는 방향타를 잃은 배 같았어요. 여전히 빠르게 항해할 능력이 있었지만, 누군가 방향을 잡아 줄 필요가 있었죠.

오직 정부만이 그런 역할을 할 수 있었습니다. 대공황과 같은 시기에 정부가 예산을 쓰면 경제 활성화에 도움이 되죠. 이와 달리, 경제 사정이 좋아지는 시기에는 정부가 성장 속도를 조절하고자 세금과 이자율을 올려 고삐를 조일 수도 있어요. 이런 방식을 통해 자본주의는 더 예측 가능한 경제 체제가 될 수 있고, 더 믿을 만해집니다.

케인스의 이론을 실행으로 옮긴 최초의 정부는 미국의 루스벨트(Roosevelt) 행정부였습니다. 케인스의 이론은 효과가 있었어요. 뉴딜(New Deal)로 알려진 정부 재정 지출 계획은 미국 경제에 시동을 걸었고, 느리지만 착실하게 미국을 회복 국면으로 이끌었습니다.

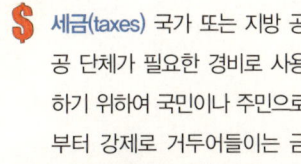

세금(taxes) 국가 또는 지방 공공 단체가 필요한 경비로 사용하기 위하여 국민이나 주민으로부터 강제로 거두어들이는 금전. 국세와 지방세가 있다.

이자율(interest rates) 대출금을 갚을 때, 그 대출액에 덧붙여 지급하는 여분의 돈의 비율을 일컫는다.

많은 자본주의 국가들이 케인스의 구상을 채택했지만, 실업 문제를 해결한 것은 제2차 세계대전이었어요. 세계대전이 끝나자, 대부분의 정부들, 특히 유럽 국가들은 자신들의 국내 경제를 주의

뉴딜 정책

뉴딜 정책은 루스벨트 행정부의 정부 지출 계획으로, 대공황을 극복하기 위한 시도였다(1933~1937). 뉴딜 정책에 따라 수백만 명의 사람들이 정부로부터 일자리를 얻었고 급여를 받았다. 그들은 집을 새로 짓고, 댐을 건설하고, 전차 노선을 깔고, 나무를 심고, 심지어 가을철에 낙엽을 줍는 일도 했다. 그들은 임금을 받았고 그 돈으로 상품을 구매했다. 그 돈으로 기업들은 다시 일어설 수 있었고, 서서히 미국 경제가 살아나기 시작했다.

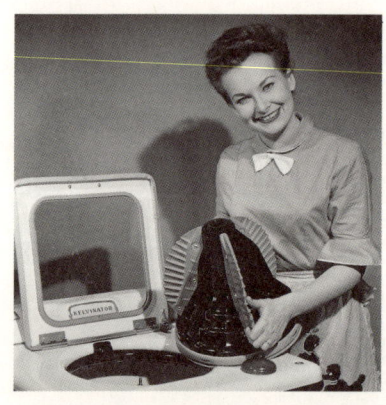

1950년대 즈음엔 자본주의 경제가 호황을 누렸다. 소비자들은 이런 세탁기 같은 새로운 가정용품을 구입하는 데 쓸 돈을 갖고 있었다.

> 💲 복지수당(welfare benefits) 어쩔 수 없이 스스로 자신을 부양할 능력, 또는 일자리를 잃은 사람들에게 주는 돈 또는 서비스를 말한다.

깊게 관리하고 간여했어요. 유럽에서는 많은 사기업들이 공기업으로 바뀌어 정부에 의해 운영되었습니다. 영국의 철도 회사들이 좋은 예입니다.

유럽과 미국 모두에서 정부 지출이 크게 늘었죠. 이는 보통 정부의 차입금으로 충당됐고, 경제 성장을 촉진하는 데 쓰였어요. 그 결과 경제가 다시 성장의 길에 들어설 수 있었습니다. 1950년과 1970년 사이 서독과 일본을 포함해 통제된 자본주의 경제정책을 시행한 국가들은 호황을 누렸어요. 이들 나라의 산업 생산량은 4배나 증가했습니다. 합성수지, 전자공학 같은 새로운 산업이 빠르게 성장해 실업률을 떨어뜨렸지요. 많은 나라들은 복지수당 재원을 메우기 위해 국민들에게 세금을 많이 부과했어요. '성장 기계' 자본주의는 정상 궤도로 돌아왔고, 이번엔 좀 더 사려 깊어진 듯했습니다. 부를 창출할 뿐 아니라, 그 나라 국민들을 돌보는 제도를 갖춘 복지 자본주의로 탈바꿈한 것입니다.

새로운 위기

전후 경기 호황은 1970년대 초반까지 이어졌습니다. 이즈음 대부분의 선진국 경제는 케인스가 불가능하다고 믿었던 상황 때문에 고통받고 있었어요. 고물가(high inflation)와 고실업률이 동시에 나타났던 것입니다. 이런 상황이 발생하게 된 분명한 하나의 이유는 없었죠. 경제학자들은 여러 가지 원인 중에 어떤 요인이 가장 많은 영향을 미쳤는지에 대해 논쟁을 벌였어요. 어떤 사람들

1970년대 내내 석유 공급가격이 급등했다. 석유가 바닥날 것이란 공포감이 수차례 제기됐다. 사진은 미국 캘리포니아 주유소에 차량들이 길게 줄지어 선 광경인데, 사람들이 석유를 사재기하느라 벌어진 진풍경이다.

은 1973년 아랍-이스라엘 전쟁에서 비롯된 석유 가격 급등을 원인으로 지목했어요. 또 다른 사람들은 베트남 전쟁(1963~1975) 비용을 조달하고자 미국이 자금을 차입한 결과라고 했어요. 어떤 사람들은 지금은 당연시되는 복지에 정부가 지나치게 많은 돈을 썼기 때문이라고 지적했죠.

원인이야 어쨌든, 자본주의는 또 다시 추락하는 것처럼 보였죠. 실업률은 높아지고, 물가는 더 올라갔어요. 그러나 그 위기감은 1930년대처럼 절망적이지 않았습니다. 또 그 즈음엔 자본주의에 도전장을 던지는 경쟁 체제도 없었습니다. 파시즘은 불명예스러운 기억일 뿐이었고, 공산주의는 자본주의처럼 고도의 선진 경제 유형을 창조할 능력이 없는 것이 명백해진 상태였지요.

 파시즘(fascism) 이탈리아에서 생겨난 독재적인 정치 체제로, 훗날 공격적인 국가주의를 일컫는 말이 됐다. 히틀러 지배 시절 독일의 나치즘(Nazism)은 파시즘의 한 형태다.

신자유주의

새로운 위기에 대한 자본주의의 반응은 케인스로부터 등을 돌리는 것이었습니다. 노벨 경제학상을 받은 밀턴 프리드먼(Milton Friedman)과 프리드리히 하이에크(Friedrich von Hayek) 등 1970년대의 영향력 있는 경제학자들은 더 순수하고 규제를 받지 않는 자본주의로 돌아가야 한다고 주장했어요. 임금을 높게 유지하려는 노동조합의 힘을 정부가 억눌러 순수 경쟁 시장을 조성하고, 그 외에는 물러나 있어야 한다는 게 그들의 주장이었습니다.

이 이론은 영국의 마거릿 대처(Margaret Thatcher) 내각과 미국의 로널드 레이건(Ronald Reagan) 행정부에서 실제로 집행됐어요. 두 정부는 다수의 국영 기업들을 사적 소유로 되돌리고(민영화), 노동조합을 억누르는 법을 도입하고, 복지에 관한 정부 지출을 줄였어요. 유럽에서는 복지 감축에 맞선 저항운동이 일어났지만, 세계 각국 정부들은 미국과 영국을 따랐습니다.

 민영화(privatization) 공적으로 소유하고 있는 기업체들을 사적 소유 방식으로 되돌리는 것을 말한다.

1990년에 이르러 동유럽에서 공산주의가 붕괴하자, 자본주의는 더 의기양양해졌어요. 영광의 나날들을 보냈던 19세기 자본주의의 역동적인 이미지를 마침내 회복한 것입니다. 그 결과는 충분히 예측할 수 있듯이, 양면적이었어요. 결국 20세기의 마지막 10년은 급속한 성장과 더불어 전 세계에서의 불평등 확대로 마감되었습니다.

6. 자본주의와 민주주의는 어떤 관계일까요?

이미 살펴보았듯이 자본주의는 우리 사회에 의미심장한 결과를 불러왔어요. 일하는 방식을 변화시켰으며, 부의 분배 구도를 바꾸어 놓았습니다.

하지만 그것이 불러온 정치적 결과는 어떤 것이었을까요? 자본주의는 국가의 통치 방식을 어떻게 바꾸었을까요?

자유주의

자유 시장은 간섭하지 않고 그냥 내버려뒀을 때 가장 잘 작동한다는 게 애덤 스미스의 믿음이었죠. 어떤 형태의 정부 간섭도 잘 해봐야 필요악 정도밖에 안 된다고 여겼습니다. 하지만 학교, 군대, 사법 제도 같이 시장에서 공급할 수 없는 것들

> **자유주의**(liberalism) 자유 시장과 자유 무역, 그리고 여기에 방해되는 걸림돌들을 제거해야 한다는 신념으로 19세기에 득세하였다.

을 정부가 공급해야 한다는 점은 애덤 스미스도 인정했습니다. 정부의 경제적 역할은 시장의 자유로운 작동을 막는 장애물을 제거하는 것뿐이어야 한다는 게 그의 결론이었어요. 자유 시장이 강물과 같다면, 정부는 강바닥의 걸림돌을 걷어내 물이 잘 흐를 수 있도록 하는 '준설 기계'라는 것이죠.

시장을 자유롭게 내버려둬야 한다는 욕구는 19세기 초 지배적인 정치 사조였던 자유주의를 지탱하는 원동력이었습니다. 자유주의자들은 자본주의가 낡은 장애물들을 극복하도록 도왔어요.

영국 남동부에 있는 켄트(Kent)주에서 군중들이 건초더미에 불을 질러 곡물법에 저항하고 있다. 높은 곡물 가격을 유지시키던 곡물법은 1846년에 마침내 폐지됐다.

그렇게 해서 자본가라는 새로운 계급이 기존의 군주, 교회, 지주 귀족 등의 권력을 꺾을 수 있도록 도운 거죠.

정부 규제들을 폐지하고, 구지배계급의 권력을 뛰어넘으려면 유럽과 북아메리카에서 시행하고 있던 민주 제도인 투표를 활성화하고 강화해야 했어요. 하지만 투표권은 대부분의 경우 재산을 가진 소수의 남성들에게 주어졌어요. 그 밖의 사람들에겐 아직 투표권조차 없었어요. 이러한 제도들은 자본주의를 좀 더 활기차게 만드는 데 활용되었지요.

자유롭고 민주적인 변화들은 모든 이들에게 이로웠어요. 예를 들어 신문세를 폐지하자 신문 값이 떨어졌고, 이는 정보를 더 널리 확산시킬 수 있는 바탕이 됐지요. 이는 기업가들이 유익한 결정을 내리는 데 도움이 됐습니다. 또 보통 시민들이 접할 수 있는 정보량도 늘어났죠.

그러나 다른 조치들은 대중들에게 별다른 도움이 되지 못했어요. 가난한 이들에게 돈을 주는 것, 즉 실업급여나 연금 등은 권장되지 않았어요. 일할 의욕을 떨어뜨린다는 이유에서였죠. 또한 노동조합은 노동자들의 협상력을 높여 임금이 인상되게 만든다고 해서 불법화되었어요. 그 당시 자유주의자들은 자선 행위 및 노동조합의 단체교섭이 자본주의 시장의 자유로운 작동을 방해한다고 여긴 거죠.

자본주의와 노예제도

19세기 초 노예제도의 폐지는 주로 자유로운 중간 계급에 의해 주도되었는데, 이는 자본주의가 왜 그리고 어떻게 자유의 확산을 촉진시켰는지 보여주는 좋은 예다. 다수의 자본가들이 도덕적인 견지에서 노예제를 반대했다는 점에는 의심할 여지가 없다. 하지만 애덤 스미스의 견해에서 볼 때 노예제를 반대한 주요 근거는 따로 있었다. 노예제는 노동시장의 자유로운 작동을 방해한다는 것이다. 자본주의 체제에선 이곳저곳 옮겨 다닐 수 있고(이주의 자유), 직업을 바꿀 수 있는(직업 선택의 자유) 자유로운 노동자들이 필요했다.

사회주의

19세기에 접어들면서 부를 창출하는 놀라운 자본주의의 역량은 부를 불평등하게 나누는 경향과 비교되기 시작했어요. 투자할 자본을 가진 이들은, 노동력 외에는 팔 게 없는 이들보다 항상 유리할 수밖에 없죠. 정부는 경제적 사다리의 맨 아래 단계에 있는 이들에게 약간의 도움을 주긴 했습니다. 예를 들어 영국에서는 1833년 공장법(Factory Act)으로 9살 미만 어린이를 고용하는 것이 금지되었어요. 하지만 대중들의 분노는 날로 커져만 갔습니다. 19세기 후반 들어 이런 분노는 노동조합과 사회주의 정당의 증가라는 정치적 현상으로 나타났습니다.

이들의 핵심 주장은 방치된 자본주의가 많은 이들에게 큰 고통을 안겨준다는 것이었어요. 자본주의가 부를 효율적으로 창출한다는 점에는 동의했지만, 모든 이들에게 공정한 몫을 나눠주지는 못했거든요. 자본주의가 그 일을 하지 못한다면, 정부라도 나서서 해야 한다는 것이었습니다. 사회주의자들은 사회구성원으로서의 몫이라도 보장하기 위해 정부가 경제에 간섭해야 한다고 믿었어요.

정부가 이런 일을 할 수 있는 방법으로는 여러 가지가 있어요. 일할 나이를 넘긴 이들에게는 노령 연금을, 일자리를 찾을 수 없는 사람들에게는 실업 수당을 지급할 수 있습니다. 또 부자들에게 세금을 더 무겁게 매기고, 거기서 나온 돈을 활용해 가난한 이들을 좀 더 도울 수 있지요. 철도처럼 수익성 없는 산업은 공적 소유로 만들고, 납세자들의 돈으로 이를 운영해, 거기서 일하는 노동자를 보호할 수도 있습니다. 정부는 이런 일의 일부 또는 전부를 할 수 있지만, 그 하나하나가 모두 시장의 자유로운 작동에 대한 간섭이 늘어나는 것을 뜻했죠.

> 💲 **수익(revenue)** 기업체나 국가 안으로 들어오는 돈. 예를 들어 정부의 세수입 등이 있다.
>
> 👤 **공적 소유(public ownership)** 정부를 대표로 내세워 전체 국민들이 소유하는 형태를 말한다.

20세기

20세기 자본주의 사회의 정치는 '자본주의에 대한 정부의 간섭은 어느 정도까지라야 하는가?'라는 질문을 중심으로 돌아갔습니다.

극단적인 몇몇 자유주의자들은 애덤 스미스가 지지했던 정부의 최소 간섭이란 주장을 견지했어요. 그와 달리 20세기 공산주의자들은 정부 관여의 극대화, 자유 시장의 종말 그리고 전반적인 경제 활동에 대한 정부의 완전한 통제를 주장했지요. 대부분의 정치 토론은 대체로 약간의 간섭을 지지하는 중도 우파와, 그보다는 더 많은 간섭을 지지하는 중도 좌파 사이에서 이뤄졌죠.

유럽의 보수파와 미국의 양대 정당에서 다수를 차지하는 중도 우파는 정부의 지나친 간섭이 개인의 자유를 위협하고 자본주의의 효율성을 떨어뜨린다고 믿었어요. 자유롭고 효율적인 자본주의는 모든 사람들에게 이익이 된다고 주장했지요. 분배가 아무리 불공평하더라도, 나눌 수 있는 부를 더 많이 창출하는 게 중요하다고 생각한 거죠.

한편 미국의 진보주의자들, 사회민주주의자들 그리고 온건한

> **우파(right-wing)** 공동체 전체보다는 개인의 이익을 우선으로 여기는 사람들이나 정책을 묘사하는 데 쓰이는 정치 용어이다.
>
> **좌파(left-wing)** 전체 공동체(모든 사람들)의 욕구를 개인의 단기적인 욕구보다 더 우위에 두는 정책과 연계된 정치 집단이다.

영국의 철도 산업이 국가 소유로 넘어갔음을 알리는 런던 워털루(Waterloo) 역의 포스터. 정부가 경제 부문에 간섭해 노동자의 일자리와 공공 서비스를 보호하는 한 방법이었다.

사회주의자들인 중도 좌파는 더 많은 정부 간섭이 불공평을 양산하는 자본주의의 잘못된 흐름을 억제할 수 있다고 갈파했어요. 그게 더 공정하고 더 민주적인 사회를 만들어내는 데 도움이 된다는 거죠. 그 결과로 일어날 수 있는 개인의 자유와 경제적 효율의 작은 상실은 감당할 만하다는 것입니다.

간단히 요약하자면, 1930년대에서 1970년대 초반까지는 중도 좌파가 우세했습니다. 유럽과 북아메리카에서 자본주의 경제에 대한 정부 간섭은 대공황 이후 급격히 늘어났어요. 하지만 20세기의 마지막 4반세기 동안 이런 흐름은 역전됐습니다. 중도 우파가 세력을 얻었고, 대부분의 선진국들에서 정부의 간섭은 현격히 줄었어요.

부와 불공평을 동시에 창출하는 자본주의의 본성은 부를 우선으로 여기는 이들과 공평을 첫 번째로 꼽는 이들 사이의 논쟁을 오랫동안 지속시킬 수밖에 없는 원인이 되었습니다.

1980년대에 미국 대통령 로널드 레이건과 영국 수상 마거릿 대처는 자국 경제에서 정부의 역할을 억제하는 쪽으로 발걸음을 내디뎠다.

자본주의와 민주주의

어떤 사람들은 자본주의와 민주주의는 서로 보완하는 관계라 주장합니다. 또 어떤 이는 이를 당연시합니다. 하지만 이는 사실이 아닙니다. 사실 19세기 자본주의의 황금기에 투표를 할 수 있었던 성인들의 수는 극도로 제한됐습니다. 보통선거는 20세기에, 그것도 선진국들에서나 도입된 것입니다. 하지만 아직도 자본주의 체제에

 보통선거(universal suffrage) 모든 성인들에게 투표권을 부여하는 것을 말한다.

6. 자본주의와 민주주의는 어떤 관계일까요?

서 중요한 역할을 하는 일부 나라들은 이 제도를 시행하지 않고 있습니다. 사우디아라비아가 바로 그 예입니다.

어떤 면에서는 자본주의도 민주주의를 지지합니다. 특히 선진국에서 그렇죠. 자본주의가 제대로 작동하려면, 개인들은 반드시 경제적 자유를 보장받아야 합니다. 그다음 단계가 정치적 자유인 것으로 보입니다. 하지만 자본주의의 또 다른 측면은 민주주의를 거스르는 쪽으로 작동하기도 하지요. 예를 들어 대기업 자본가들은 가난한 개인들보다 정부에 영향을 끼칠 수 있는 힘을 더 많이 갖고 있어요.

자본주의와 자유

자본주의와 자유는 사실상 같은 말인 것처럼 함께 일컬어지는 경우가 많다. 이는 부분적으로만 진실이다.

자본주의는 자유 시장을 필요로 한다. 다시 말해 정부가 재화와 서비스를 사고파는 데 간섭을 하지 않는다. 자본주의는 또한 자유로운 기업가 정신, 개인적인 야망과 창의력에 바탕을 두고 있다. 자본주의에는 철학자들이 말했듯 '…을(를) 할 자유(freedom to)'가 필요하다. 이는 거래를 하거나, 자신의 생각을 말할 자유 등을 말한다. 이러한 자유 덕분에 사람들은 법규의 테두리 안에서 각자 원하는 바를 할 수 있다.

하지만 자본주의는 21세기 초 유럽과 북아메리카 지역에 일반적으로 존재하는 온전한 형태의 정치적 자유를 필요로 하지는 않는다. 자본주의는 식민지 통치, 민간 및 군사 독재, 심지어 지금의 중국 같은 공산주의 독재 등 정치적 자유를 심각하게 제약하는 다양한 정치적 환경 속에서도 완벽하게 작동한다. 또 자본주의는 '…로(으로)부터 벗어날 자유(freedom from)'를 만드는 데 종종 실패해 왔다. 기아, 실업, 불안 그리고 공포로부터 벗어날 자유 등을 성취하는 데 실패했음을 말한다.

 독재(dictatorship) 다수 국민들의 입을 틀어막고 개인이나 소수 집단이 나라를 주도하는 것을 말한다.

7. 공산주의의 몰락은 자본주의의 승리를 뜻할까요?

자본주의는 20세기 들어 두 가지 거대한 도전에 마주했어요. 첫 번째 도전은 내부에서 비롯됐습니다. 대다수 사람들에게 수용될 수 있는 수준으로, 자본주의 자체를 개혁하고 규제하는 일이었어요. 두 번째는 밖에서 비롯된 공산주의의 도전이었습니다. 이 도전은 정치적이고, 경제적이며, 때로는 군사적인 성격을 띠었죠.

권력을 장악한 공산주의

공산주의는 자본주의의 실패로 인해 특정 지역에서 일어난 대응이었습니다. 러시아에서 자본주의의 실패가 가장 명명백백하게 나타났어요. 러시아의 노동조건은 실로 참혹했고, 빈부의 격차가 엄청났으며, 기업체의 이익은 국내 노동자에게 돌아가지 않고 외국 자본가들의 손아귀로 흘러들어갔어요. 이 때문에 블라디미르 레닌(Vladimir Lenin)이 1917년 10월의 러시아에서 세계 최초로 공산주의 혁명을 성공적으로 이끌 수 있었던 것입니다. 그의 지지자들은 잔인한 자본주의를 좀 더 공정해 보이는 사회주의로 갈아치워야 한다는 레닌의 제안에 두 손 들고 환호했어요.

 공산주의(communism) 사회주의의 극단적인 형태이다. 재산을 사적이 아닌 공적으로(공동으로) 소유하는 방식이다. 훗날 공산주의라는 용어는 1920년대와 30년대에 소비에트 연방에서 수립된, 독재적인 국가 경제계획 체제와 연계된다.

일련의 공산주의 혁명이 중국과 쿠바에서도 잇따라 터졌습니다. 각각 1949년과 1959년에 일어났죠. 이들 두 나라는 혁명 이전에 자본주의의 부정적인 점들을 많이 봤고, 긍정적인 점은 아주 조금 밖에 경험하지 못했어요. 쿠바와 중국의 인민들은 자본주의와 다른 새로운 체제를 만드는 시도에 기꺼이 따랐어요.

자본주의의 폐지

러시아 공산주의자들은 자본주의를 폐지했어요. 이로 인해 재산에 대한 사적 소유가 금지되었고, 경쟁적인 자유 시장의 기초는 완전히 허물어졌어요. 무엇을 생산하고, 그것을 어디에서 어떻게 생산하는지 따위의 의사 결정은 애덤 스미스의 '보이지 않는 손'인 자유로운 시장 대신 정부의 '보이는 손'이 내렸어요. 정

러시아 혁명 당시의 선전 포스터 "당신은 여전히 협력 대열에 참여하지 않고 있다. 동참하라, 지금 당장!"

부의 정책 입안자들은 새로운 철강 공장 또는 댐 건설에 투자하기로 결정했어요. 나라에 그런 것들이 필요하다고 생각했기 때문이죠. 여기에서 이윤을 거두리라고 기대했던 것도 아니었습니다. 실제로 필요한 것만 생산한다는 점에서 이런 방식이 더 합리적이고 공정하다고 주장했어요. 꼭대기에 앉아 거대한 이윤을 즐기는 소수의 기업가들도 없고, 밑바닥에 깔려 다른 사람의 이익을 위해 노예처럼 살아가는 다수의 노동자들도 없었어요.

이들의 주장에는 진실이 있지만, 일부일 뿐입니다. 경제 계획은 산업화 초기 단계에만 제대로 작동된다는 게 밝혀졌기 때문이에요. 일단 경제가 성장해 복잡해지자, 정부의 '보이는 손'은 시장의 '보이지 않는 손'에 견줘 더 투박하고 비효율적임이 드러났어요. 또한 이윤이 나든 말든 그 체제를 운영하는 사람들은 생산물에서 불공정하게도 더 많은 몫을 챙기려고 했어요. 공산주의는 자본주의보다 그리 공정하지 못했던 것이죠.

어쩌면 가장 중요하다 할 수 있는 경제적 자유의 결핍은 정치적 자유의 결핍으로 이어질 수밖에 없었어요. 공산주의 체제에서는 창의성이 질식당하고 혁신이 좌절됐으며, 개인의 야망과 열정은 억제당했어요. 자본주의를 '성장 기계'로 만들었던 바로 그런 요소들이 공산주의에는 부족했던 것입니다.

소비에트 연방 공산주의가 무너지기 직전, 생필품은 항상 부족했다. 식료품을 사려고 사람들은 몇 시간씩 줄을 서서 기다려야 했다.

자본주의에 대한 레닌의 견해

'어떤 사람이 혼자 힘으로 자신을 들어 올릴 수 없듯, 자본가들은 자기를 희생하지 않는다.'

– '자본주의 체제 아래에서 부자는 가난한 사람을 도와주고 싶어 하지 않고, 가난한 사람은 스스로 일어설 수 없다.'는 자신의 신념을 말한 러시아 공산주의의 지도자 블라디미르 레닌

냉전 체제

공산주의의 실패가 명백해지기까지는 오랜 시일이 필요했어요. 선도적인 자본주의 국가들이 대공황의 늪에 빠져 허우적거리고 있던 1930년대, 소비에트 연방(소련, 공산주의 러시아의 국가명)는 야심찬 5개년 계획에 따라 빠르게 전진하는 것처럼 보였어요. 서방의 자본주의 국가들이 겪은 뼈아픈 고통은 알려져 있었지만, 그보다 더 혹독했던 소련의 고통은 가려져 있었거든요. 하지만 제2차 세계대전에서 거둔

 냉전(Cold War) 자본주의 세계와 공산주의 세계 사이에 1947년부터 1980년대 후반까지 이어진 적대관계를 일컫는다. 1990년 미국·소련·영국·프랑스 등 제2차 세계대전 전승국들은 '대(對)독일 화해 조약에 조인, 독일의 통일을 인정함으로써 동서 냉전 체제는 사실상 막을 내렸다.

소련의 군사적 성공과 경이적인 경제 회복은 공산주의의 명성을 드높였어요.

> **5개년 계획(five-year plan)** 공산주의 국가에서 정부가 수립하는 5년 단위의 전반적인 경제활동 계획을 말한다.

하지만 1950년에 이르면 자본주의 세계의 경제도 회복합니다. 양쪽 진영은 냉전의 첫 20년(1948~1968)에 걸쳐 자기 체제가 더 우월함을 입증하려고 경쟁했어요. 또 자본주의와 공산주의는 아시아, 아프리카 그리고 남아메리카의 후진국들에 대해 더 많은 영향력을 갖기 위해 경쟁을 벌였습니다. 그 지역에서는 절대적으로 자본주의 체제가 불리했습니다. 왜냐하면 선진 자본주의 국가들은 식민제국 또는 경제적 약탈자로서 후진국에 만연한 가난의 원인 제공자로 여겨졌기 때문이죠. 또 다른 이유로는 공산주의가 후진국들에게 절실히 필요한 기본적인 경제 발전을 이루는 데 효과적인 듯 보였기 때문입니다. 소련과 중국에서 제대로 작동한 체제인데, 다른 나라에서라고 안 될 이유가 없다고 본 거죠.

하지만 결국 공산주의 국가들은 자국 인민들이 원하는 재화들을 공급하는 데 실패했습니다. 그런 재화들은 선진 자본주의 국가들에선 지극히 당연히 공급되는 것들이었죠. 이는 결국 유럽 공산주의의 붕괴로 이어졌고, 동아시아 공산주의의 실질적인 종말로 이어졌어요. 1991년에 이르러, 자본주의의 승리는 사실상 확정됐습니다.

자본주의 입장에서 유일하게 우울한 대목이 있다면, 후진국들의 가난이 여전히 지속되고 있다는 점이었습니다. 이 지역에서는 가난이 영원할 것만 같았고, 가진 자와 못가진 자의 대비는 더욱 뚜렷해져만 갔습니다. 20세기 초까지 후진국들이 공산주의에 매료될 수밖에 없던 이유가 바로 이것이었어요.

8. 후진국의 자본주의는 어떤 모습일까요?

19, 20세기에 걸쳐 자본주의가 생산한 거대한 부는 지구상에 고르게 퍼지지 않았습니다. 어떤 나라는 다른 나라들보다 훨씬 잘살았어요. 또한 모든 나라에는 부자와 가난한 사람이 있었습니다. 20세기 말에 이를 때까지도 이러한 격차는 줄기는커녕 커져만 갔어요.

가장 후진국에 거주하는, 전 세계 인구 중 4분의 1가량은 한 해 약 250파운드(한화로 약 40만 원)에도 미치지 못하는 소득을 얻었을 뿐입니다. 이런 사람들한테 자본주의의 혜택이 제대로 돌아가지 않았다는 것은 명백했습니다.

식민주의와 그 후

어떤 사람들은 식민지로 전락한 상황을 탓했어요. 이는 경제적으로

 식민주의(colonialism) 경제적으로 앞선 나라들이 경제적으로 뒤떨어진 나라들을 정치·경제·문화적으로 지배하는 것을 말한다.

대영 제국 시절, 인도 캘커타(Calcutta) 항구의 부두에 줄지어 서 있는 영국 상선들을 보여주는 그림.

앞선 나라들이 경제적으로 뒤쳐진 나라들을 지배하는 것을 말합니다. 수세기 동안 영국과 프랑스 같은 유럽의 강대국들이 후진국의 발전을 가로막았다는 게 이들의 주장이었습니다.

강대국은 후진국 스스로 산업혁명을 이루게끔 기술을 이전하거나 팔지 않았습니다. 오히려 식민 제국들의 원료의 공급지로 또는 자기네 산업의 생산품들을 내다파는 시장으로 이용했을 뿐입니다. 예를 들어 영국은 내국세와 관세 제도를 활용해, 인도 국내에서 생산된 직물보다 영국산 직물을 더 싼 값에 팔 수 있게 만들었습니다.

식민주의의 옹호자들은 식민 제국이 피식민국가의 사회기간시설을 개선했다는 점을 지적합니다. 즉 더 나은 도로와 철도, 항만시설 그리고 더 공정한 법과 정부를 남겨줬다고 항변하죠.

직접적인 식민 지배는 20세기 후반에 들어서면서 끝이 났습니다. 하지만 선진국의 행태를 비판하는 사람들은 제3세계 또는 후진국에서 실제로 변한 건 아무것도 없다고 주장해요. 식민 지배를 받았던 나라들은 정치적으로 독립을 이루었을지 몰라도, 경제적으로는 여전히 선진국들에 종속되어 있다는 것이죠. 세계은행(World Bank)과 국제통화기금(IMF)은 후진국들에 도움을 주는 기관으로 여겨졌지만, 이 두 기구는 사실상 미국과 옛 식민 제국들이 지배하고 있어요.

국제 경제의 감독자들

주요 국제 경제 기구는 세 가지가 있다. 세계은행(World Bank)으로 알려진 국제부흥개발은행(IBRD, International Bank for Reconstruction and Development)과 국제통화기금(IMF, International Monetary Foundation)은 1945년 전 세계 경제 개발을 촉진한다는 취지에서 설립됐다. 두 기관은 후진국들에게 막대한 자금을 빌려줬고, 그 가운데 상당 부분의 빚은 되돌려 받지 못했다. 1990년대 후반 갚지 못한 빚을 탕감해주자는 세계적인 차원의 운동이 벌어졌다.

나머지 하나는 세계무역기구(WTO, World Trade Organization)다.

> WTO는 '관세 및 무역에 관한 일반 협정(GATT, General Agreement on Tariffs and Trade)'을 이어받아 1995년에 설립됐다. 이 기구의 임무는 무역을 조절하고, 자유무역을 막는 걸림돌을 없애는 일이었다. 자유무역이 선진국들에게 혜택을 주는 경향을 띠었기 때문에, WTO 또한 반대 운동에 시달렸다.

자본주의 비판가들은 선진국의 국민과 기업체들이 세계 경제력의 대부분을 차지하고 있다고 주장합니다. 선진국과 기업체들은 새로운 사업 부문과 일자리 가운데 어느 곳에 자본을 투입할지 결정하죠. 21세기의 후진국들은 19세기 초 영국과 미국의 노동자들처럼 무엇을 제공받든 고분고분 받아들일 수밖에 없어요. 그들에게는 자체적인 협상력이 없기 때문이죠.

자본주의 지지자들은 후진국에 남겨진 자본주의의 흔적에 대해 긍정적인 태도를 보입니다. 이들은 한국과 타이완, 싱가포르, 말레이시아 등 이른바 '아시아의 호랑이들'이 열성적인 교육과 고된 노동 그리고 저임금을 바탕으로 가난에서 벗어나 성공을 이뤘다는 점을 지적하죠. 이 나라들은 애덤 스미스의 권고를 그대로 실천해 선진국들과 당당히 경쟁을 벌여 성공했어

아시아의 호랑이들(Asian Tigers)
1990년대 후반에 급속한 경제 성장을 이룬 극동 및 동남아시아 국가들을 말한다.

요. 그들은 선진국에서 원하는 제품, 즉 전자제품을 만들었습니다. 게다가 선진국보다 더 싸고 효율적으로 제품을 생산했어요.

독립적인 경제 운영

20세기의 마지막 4반세기 동안, 국제 경제에서 일어난 가장 중요한 변화는 다국적 기업들의 힘이 커진 것입니다.

남아프리카공화국 더번(Durban)에 있는 이 조립 공장은 일본 회사 도요타의 것이다. 도요타 같은 다국적 기업들은 세계 각지의 후진국 사람들에게 일자리를 제공한다.

다국적 기업의 소득과 지출은 때로는 한 정부의 수입과 지출보다 더 많기도 해요. 자본주의 지지자들은 다국적 기업이 후진국에 새로운 기술과 경영기법, 일자리를 제공하기 때문에 환영받아 마땅하다고 주장합니다. 그러나 비판자들의 생각은 다릅니다. 새로운 일자리는 거의 없고, 중요한 의사 결

 다국적 기업(multinational corporation) 여러 나라에서 사업을 영위하는 대규모 기업을 말한다.

8. 후진국의 자본주의는 어떤 모습일까요? **69**

정은 선진국에 있는 기업 본부에서 내려지며, 이익의 대부분은 본국인 선진국으로 돌아가기 때문에 얻는 것이 없다 합니다. 비판자들은 다국적 기업이 후진국의 발전과는 거리가 멀며, 오히려 후진국을 값싼 노동력의 공급지로 활용하고 있다고 힐난합니다.

몇몇 후진국들은 경제적 이익을 모조리 거둬가는 외국 기업으로부터 자국을 보호하기 위해 세계 자본주의 체제에서 이탈해 독립적으로 경제를 운영하고자 시도했습니다. 예를 들어 1960년대 초반 쿠바는 공산주의 세계에 합류했어요. 이 나라의 혁명 지도자들은 자본주의 체제에 머무는 것이 곧 이웃 강대국인 미국의 지배 아래에 들어간다는 뜻임을 깨달은 거죠. 탄자니아(Tanzania) 대통령 줄리우스 니에레레(Julius Nyerere)도 자본주의 세계로부터 반쯤 벗어나 아프리카 고유의 사회주의 방식을 도입하려고 시도했어요. 21세기 초엔 석유 부국 베네수엘라의 우고 차베스(Hugo Chavez) 대통령이 미국식 자본주의로부터 등을 돌리고 사회주의 원칙에 기초한 국가를 세우기로 결정했어요.

반(反)자본주의 국가 가운데 일부는 성공을 거두었어요. 예를 들어 쿠바의 의료보장 제도는 남아메리카에서 최고로 여겨집니다. 하지만 자본주의 체제 밖으로 뛰쳐나온 약소국들은 대부분 실패의 쓴맛을 봤어요. 자본주의가 그들을 압도한 것입니다. 자본주의 체제의 경제적·군사적 힘은 막강했어요.

복지 자본주의의 확산

최근 100여 년에 걸쳐 전 세계가 확실하게 깨달은 게 있습니다. 19세기 유럽과 북아메리카를 반추하여 배운 것이죠. 즉 자본주의는 부를 창출하는 동시에 불평등을 초래한다는 것이죠. 유럽과 북아메리카가 찾아낸 답은 자본주의를 규제하고 개혁하는 것입니다. 자본주의가 경제 피라미드의 밑바닥에 있는 이들에게도 최소한의 삶을 이어갈 수 있을 무언가를 제공하는 수준에 이르도

가난에 찌든 이집트 여성과 어린이들이 먹을 것과 팔 것을 찾아 쓰레기더미를 샅샅이 뒤지고 있다. 다국적 기업을 비판하는 사람들은 다국적 기업이 공장을 세운 후진국들에게 부를 제대로 분배하지 않고 있다고 주장한다.

록 해야 한다는 거죠. 이러한 조치에 따라 한 국가 안에서 부자와 가난한 사람 사이의 넓어진 격차가 좁아진다면, 국제적인 차원에서도 비슷한 조치가 도입돼야 마땅합니다. 제 역할을 할 수 있는 '세계 정부'를 기대할 수 없는 상황에서, 이것을 어떻게 달성하느냐 하는 문제는 21세기를 살고 있는 일반인과 정치가들 앞에 놓인 가장 중요한 물음입니다.

9. 자본주의와 환경 문제는 어떤 관련이 있을까요?

만일 자본주의가 후진국들의 경제적 수준을 오늘날의 선진국들이 누리는 차원까지 끌어올렸다면, 아마도 인류는 또 다른 문제에 봉착했을 겁니다. 그럴 경우 전문가들은 세계 에너지 소비량이 지금보다 다섯 배 정도 더 늘어날 것이라고 추정해요. 현재 수준에서도 이미 환경 문제가 심각한 것을 감안하면 실로 경악스러운 일이죠.

암울한 출발

1804년 영국 작가 윌리엄 블레이크(William Blake)는 유명한 시를 썼습니다. 그 시에서 블레이크는 산업혁명 당시의 지옥 같은 공장과 그 공장들에 의해 사라진 녹색 들판을 대비시켰습니다. 19세기 내내 환경은 더 악화되기만 했어요. 매년 수천 개의 공장들이 서유럽과 북아메리카에서 세워졌고, 그 공장의 굴뚝에서는

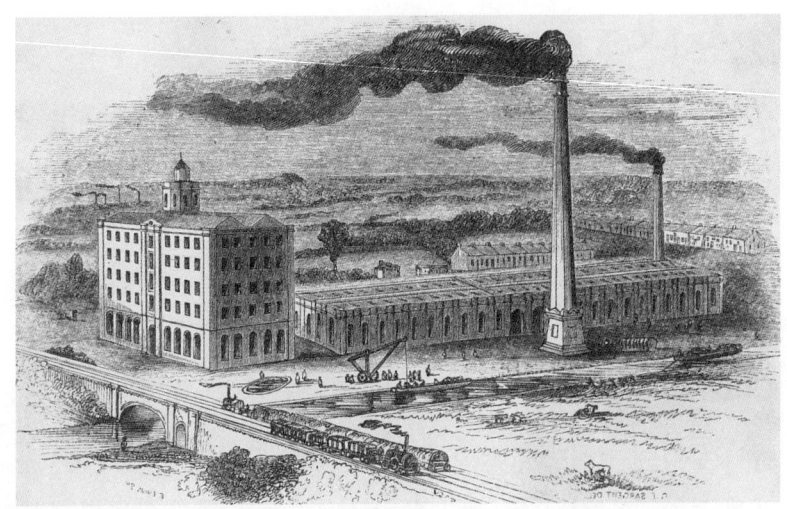

1840년 잉글랜드 남서부 서머셋(Somerset)주에 새로 지어진 철강 공장. 윌리엄 블레이크는 이런 공장들이 영국의 시골 지역을 오염시킨다며 통렬하게 비판했죠.

석탄 연기와 유독 가스가 쉼 없이 뿜어져 나왔어요. 매연은 급속히 넓어지고 있던 도시의 상공을 검게 장식했습니다.

당시에는 산업 폐기물로 대기나 강물을 오염시키지 못하도록 제한하는 조처를 내린 정부가 없었어요. 족히 1세기 동안 자본가들은 더러워진 환경을 치우지 않고도 이윤을 추구할 수 있었죠.

그러나 20세기 중반에 들어오면서 상황은 변하기 시작했어요. 환경오염으로 고생하는 곳들이 급속히 증가했기 때문입니다. 그곳들은 대부분 선진국의 도시들이었지요. 영국의 수도 런던 같은 곳은 1950년 초 심각한 스모그(산업 폐기물에 영향을 받아 독성을

민 안개) 현상을 겪기도 했습니다. 수백 명의 목숨을 앗아가기도 할 정도로 지독했지요. 이 때문에 런던과 그 밖의 지역에서 공장들에 대한 정화작업이 진행되었어요. 이미 석탄 연료를 사용하는 공장들이 오염을 덜 유발하는 대체 연료 사용 업체들에게 밀리고 있었기 때문에, 그런 노력은 훨씬 탄력을 받았어요.

환경 재앙?

이젠 눈에 보이는 스모그와 폐기물보다, 지구온난화를 유발하는 이산화탄소 같은 가스가 지구 환경에 훨씬 위협이 된다는 사실은 모두 다 알고 있어요. 2006년의 조사 결과, 18세기 후반 현대 자본주의가 시작된 뒤로 지구의 평균 온도는 섭씨 0.5도 높아졌어요. 더 놀라운 일은, 이러한 기온 상승이 급속히 빨라지고 있다는 점이에요. 21세기 말쯤이 되면 지구의 온도가 섭씨 6도나 높아질 것이라고 예측하는 사람들도 있어요.

이러한 변화가 우리에게 미칠 영향을 정확히 예견하기란 사실상 불가능합니다. 하지만 전 세계의 저지대는 물에 잠길 것이고, 흉작과 기아를 유발할 것이 확실해 보여요. 이는 정치적 소요를 촉발할 것이고, 인류에게 상상하기 어려운 규모의 재앙을 안길 것입니다. 달리 말해 인류는 자본주의가 뿌린 씨앗에서 비롯된 재앙의 수확물을 거두게 되는 것입니다.

> **지구온난화**(global warming) 지구 대기 온도의 점진적인 상승을 말한다. 주요 원인으로는 이산화탄소 가스 배출량의 증가가 있다.

자본주의가 뿌린 씨앗이라니 무슨 말일까요? 지구온난화와 자본주의가 어떤 관계를 맺고 있다는 것일까요? 그 연관성은 상당히 직접적입니다.

자본주의는 이윤을 만들어냄으로써 작동합니다. 그 이윤은 어떤 물건을 만드는 데 드는 비용과 그것을 팔아서 받는 가격 사이의 격차이지요. 다른 말로 하면, 자본주의는 제조업에 바탕을 두고 있어 에너지를 필요로 합니다. 대체로 석탄과 석유 같은 화석 연료의 형태를 띠는 에너지의 소비는 '온실 가스'를 만들어내고, 이는 지구의 온도를 끌어올립니다. 이 때문에 에너지를 필요로 하는 자본주의와 산업화는 인류에게 최악의 위기를 초래한 책임이 있다고 할 수 있다는 거죠.

환경오염 문제에 대한 세계적인 차원의 대응이 느린 것 또한 자본주의 탓이라고 하는 사람들도 있습니다. 소규모 국가들의 소득보다 훨씬 더 거대한 이윤을 거둬들이는 거대 기업체들이 각국 정부들, 특히 미국 정부에 압력을 행사해 환경오염에 대한 적극적인 대응에 나서지 못하도록 가로막는다는 것이죠. 기업체들은 세계적인 오염 방지 조치가 자기들의 이윤을 깎아먹을 것이라고 걱정합니다. 각국 정부 또한 여기에 동조합니다. 정부 수입의 상당 부분이 기업으로부터 거두어들이는 세금에서 비롯되기 때문에, 정부도 기업의 주장에 고개를 끄덕이는 거지요.

자본주의의 대가? 캐나다 제지공장에서 배출되는 오염물질들. 환경과학자들은 이런 오염물질들이 지구의 기후를 영구히 변화시켜 수많은 사람들의 삶을 열악하게 만든다고 본다.

자본주의만의 문제일까?

환경 훼손은 어디까지나 산업화 때문에 일어났지, 자본주의 탓이 아니라고 말하는 사람들도 있어요. 그들은 1990년 이전의 소련, 그리고 현대의 중국 같은 공산주의 국가들도 끔찍한 환경오염을 유발하는 주범이라고 지적합니다. 21세기 초 오늘날의 중국은

9. 자본주의와 환경 문제는 어떤 관련이 있을까요? **77**

지나치게 많은 자동차 때문에 교통 체증이 일어나고, 이는 지구온난화라는 큰 문제를 일으킨다.

화력발전소를 매년 수백 기씩 건설해 온실가스 배출을 늘리고 있습니다. 이는 환경에 치명적입니다.

이에 대해 러시아와 중국의 산업화는 자본가들에 의해 시작됐다는 반론이 나옵니다. 또 공산주의가 부를 생산하는 데 자본주의 못지않게 효율적임을 보여주고자 하는 욕망 때문이라는 지적도 가능하죠. 실제로 오늘날의 중국의 정치 체제는 공산주의지만, 자본주의 경제 정책을 전폭적으로 수용하고 있어요. 그러므로 자본주의는 급증하는 환경 문제의 배후라는 지적을 피할 길이 없습니다.

자본주의가 내놓을 해법?

하지만 전망이 결코 암울하기만 한 것은 아닙니다. 자본주의의 최대 강점은 거대한 역동성, 창의적인 사업 구상 그리고 적응성 같이 주로 인류와 관련된 것들이지요. 따라서 지구상의 어마어마한 기후 변화를 유발한 자본주의가 이 문제를 풀 수 있다고 예상하는 것도 합당합니다. 이윤이 생기는 한, 자본가들은 분명 해법을 찾아낼 것입니다.

출발 신호는 이미 울려 퍼졌습니다. 자동차 부문뿐만 아니라 다른 산업에서도 자기 회사 제품이 다른 것보다 더 '친환경적'이라고 광고합니다. 또 영국의 BP 등 다국적 석유회사들은 풍력·조력 등 대체 에너지원 연구에 수십억 달러를 지출하고 있어요. 기업가들은 앞선 시대에 정부의 지휘 아래 산업혁명이 낳은 빈민가 및 질병 문제를 해결하면서 이윤을 거뒀습니다. 마찬가지로 최근의 위기에도 달려들기 시작했어요. 번영의 토대인 지구를 파괴하는 것은 누구의 이익에도 부합하지 않습니다. 자본가들에게도 마찬가지입니다.

도로 통행료 징수

자본주의 체제 아래에서 오염을 유발한 이들에게 대가를 치르게 하는 방법으로 들 수 있는 좋은 사례는 도로 통행료 징수다. 도로 사용에 대한 부담을 지우면 차량 소유자들은 자동차를 덜 몰게 되고, 그에 따라 배기가스량이 줄 것이다. 그리고 징수한 돈을 모아 대중교통 체계를 개선하는 데 활용할 수 있다. 대중교통 체계가 개선되면, 더 많은 사람들이 대중교통을 이용할 수 있게 되고, 환경오염은 훨씬 줄게 될 것이다. 이런 현상은 오염을 유발하는 자동차를 만드는 기업에 부담으로 작용할 것이다. 이윤을 내야 하는 기업은 오염을 일으키지 않는 자동차라는 새로운 제품을 시장에 선보이려 노력할 것이다.

10. 자본주의에게 세계화는 어떤 의미일까요?

1990년대에 이르러 자본주의는 세계 경제를 완전히 접수했어요. 유럽 공산주의의 종말과 공산주의 중국의 시장 개방이 이를 웅변하죠. 다른 것들로는 통신과 컴퓨터 산업의 발달 그리고 다국적 기업의 성장을 꼽을 수 있어요. 이러한 자본주의 득세 과정을 흔히 '세계화'라고 합니다.

1980년대와 1990년대에 국제 무역을 가로막던 많은 제한 장치들이 제거됐어요. 다국적 기업들은 최적의 거래 조건을 좇아 세계 어느 곳이든 자본을 이동시킬 수 있게 되었어요. 이들 기업이 멕시코나 인도네시

미국 텍사스 주 오스틴(Austin)에 있는 노동자들이 1993년 11월 북미자유무역협정(NAFTA)에 반대하는 시위를 벌이고 있다. 많은 사람들은 기업들이 자신들이 일하는 사업장을 저임금 지역인 멕시코로 이전할 수 있다는 점을 걱정했다.

아 같은 후진국들에 사업체를 설립하겠다는 선택을 하는 것은 전혀 놀라운 일이 아닙니다. 싼 노동력은 생산비를 절감시키기 때문이죠. 기업이 제품 제조를 위해서 현지 법인회사를 설립하는 것 또한 너무나 당연했습니다. 그런 기업은 그 지역 노동자들에게 실업수당이나 의료보장을 해줄 필요가 없기 때문이에요.

선진국들에 나타난 결과

세계화는 전 세계 모든 나라들에 중대한 영향을 끼쳤어요. 선진국들은 1990년대에 이루어진 성장에 힘입어 더 부유해졌습니다. 동시에 프랑스처럼 상대적으로 경직된 자본주의 국가에서는 많은 사람들이 일자리를 잃었어요. 다국적 기업들이 값싼 노동력을 찾아 사업체를 해외로 옮겼기 때문입니다. 영국이나 미국 같은 선진국들은 자국의 노동시장을 개방하고 규제를 없앰으로써 실업 증가를 가까스로 피했습니다. 하지만 이는 노동자들에게 낮은 임금과 장시간 노동을 뜻했습니다.

또한 선진국들은 '아시아의 호랑이들' 및 중국 같은 신흥국들과 경쟁을 벌여야 했어요. 이는 임금 하락과 복지 지출 감소로 이어졌습니다. 한 예로 2004~2005년 유럽연합(EU)의 신발 산업이 수백만 켤레의 값싼 중국산 신발들에 침식당했을 때였습니다. 이때 유럽에서는 관세를 설정해 유럽의 신발 산업을 보호하자는 논의가 일어났어요. 새로운 경쟁자들을 따돌리기 위해 선진국들은 자국민에 대한 복지 지출을 줄여야 했어요. 그리고 최빈국에 대한 지원도 함께 줄어, 불평등 문제 또한 깊어지게 되었죠.

막강한 힘을 보유한 세계적인 대기업과 은행들은 각국 정부에 위협적인 존재로 떠올랐어요. 이제 정부는 자국을 완벽하게 통제할 수 없게 된 거죠. 1980년대 초반 프랑스 정부가 사회주의 정책을 도입하려고 시도했던 일이 그 예입니다. 세계적인 대기업들은 이 정책에 반대해서 프랑스에서 자본을 철수시키기 시작했어요. 이는 프랑스 통화의 가치 하락으로 이어졌습니다. 결국 프랑스 정부는 다국적 기업에게 백기를 들고, 이 정책을 재검토할 수밖에 없었어요.

대부분의 자본주의 민주국가에서처럼, 프랑스 정부도 프랑스 국민들에 의해 자유롭게 선출돼 구성됐습니다. 하지만 그 나라 정

비용 낮추기

밥 딜런(Bob Dylan)은 〈노스 컨트리 블루스(North Country Blues, 1963)〉에서 북아메리카의 광산이 외국과 경쟁을 벌여 문을 닫을 수밖에 없었던 사정을 노래했다. 남아메리카 노동자들은 거저나 다름없는 임금을 받고도 일할 수 있는 상태였기 때문에, 더 경쟁력이 있었던 것이다.

부의 정책은 누구의 표도 받지 않은 세계적인 기업체의 이해관계에 무참히 짓밟힌 거죠. 상당수 전문가들이 지적하듯, 세계화는 민주주의에 심각한 폐해를 불러왔어요.

후진국들에 나타난 결과

선진국 정부조차 새로운 국제 경제 세력의 힘 앞에 떨고 있는 판에, 후진국 정부가 무슨 일을 할 수 있을까요? 이들 나라의 협상력은 이전보다 더 보잘것없어졌지요.

후진국들은 일자리를 창출하기 위해 막대한 인센티브(보상책)를 제공해야 해요. 현지 사업장 설립을 고려하는 다국적 기업들에게 법인세를 낮춰주는 혜택 따위가 그런 예죠. 후진국 노동자들의 건강과 안전 관련 규정들이 무시되고, 뇌물이 오가고, 저항하는 사람들은 곧바로 감옥에 갇혔어요. 그 결과, 후진국들에 자리 잡은 다국적 기업 공장들은 영국 빅토리아 시대의 초기 모습과 놀랄 만큼 비슷해요. 쥐꼬리만 한 임금을 받으며 장시간 일하는 어린이 노동자들로 가득 차 있어요.

이는 21세기 초 자본주의의 어두운 뒷면입니다. 후진국들에 세워진 다국적 기업의 공장에서는 어린 소녀들이 유명 브랜드 상품을 만드느라 하루 14시간 동안이나 고되게 일해요. 그렇게 일해서 받는 임금은 겨우 입에 풀칠할 정도고, 허름한 2층 기숙사에 방 한 칸 마련하기도 벅찹니다. 어린 노동자들이 만든 운동화와 의복은 현지 기업체를 통해 서유럽 브랜드 회사로 팔려나갑니다. 이 회사들은 실제 물건의 품질보다는 자기네 브랜드명을 광고하는 데 더 많은 돈을 투자했고, 그 대가로 막대한 이윤을 거둬들였지요.

그런데도 어떤 이들은 다국적 기업들의 임금이 낮고 노동조건이 열악하지만, 후진국 노동자들에게 적어도 일자리를 제공해준다는 주장을 펼치기도 합니다. 물론 그 이전 세기에 최빈국 사람들은 대책 없이 굶어죽거나 영양실조로 고생했어요. 하지만 자본주의는 이미 모든 사람들의 기대치를 높여 놓았어요.

모든 이들에 나타난 결과

세계화는 세상에 생각지도 못한 다른 결과들도 불러왔어요. 하나는 세계 각지에서 사고 팔리는 제품들에서 나타나는 동질성 또는 동일성이에요. 우리는 점점 지구 구석구석에서 똑같은 패스트푸드, 같은 옷 브랜드, 음악 그리고 패션을 발견할 수 있게 되었지요.

서유럽 제품을 팔면서 이루어진 서구 자본주의의 성공은 획일화의 확산이란 결과를 낳았습니다. 최빈국을 제외한다면, 오늘날 대중들이 입고 있는 옷은 전 세계가 거의 똑같아 보여요. 먹는 음식도 그렇고, 자동차나 다른 제품들도 그렇죠. 나이 많은 사람들은 이런 흐름을 걱정하지만, 젊은이들은 좋아하는 듯 보입니다. 젊은이들은 세상의 갈등 대부분이 문화적·정치적·경제적·종교적 차이에서 비롯됐다고 지적하죠. 따라서 사람들을 서로 더 가까워질 수 있게 끌어당기는 매개들은 환영받아야 한다고 생각합니다.

세계화된 경제에서 빚어진 부작용은 바로 '불안'이었습니다. 사업장이 이 나라에서 저 나라로 쉽게 이동할 수 있기 때문에, 안전

중국 광둥성 중산(Zhongshan)시에 있는 공장의 여성들이 서유럽 시장에 내다팔 브랜드 운동화를 만들고 있다. 중국 기준으로는 괜찮을지 몰라도, 이들의 임금은 매우 낮다. 여기서 만든 제품이 서유럽에서 팔려 막대한 이윤으로 돌아올 수 있는 것은 이런 저임금에 힘입은 것이다.

한 일자리는 점점 줄어들었어요. 게다가 각국의 경제가 서로 긴밀하게 연계돼 있어서, 한 나라에서 나쁜 일이 터지면 다른 나라들도 금세 그 영향을 받아요. 2001년 테러리스트들은 뉴욕의 세계무역센터만 공격했지만, 결과는 금세 지구촌 전반으로 옮겨갔어요.

다른 국적, 같은 햄버거 중국 베이징에 있는 맥도날드. 전통주의자들은 세계화의 이런 측면을 싫어한다. 하지만 더 긴밀하게 통합된 '지구촌'의 느낌을 만들어내는 데 도움이 된다고 변호하는 이들도 있다.

낙관적인 전망?

자본주의 지지자들은 이렇게 주장할 것입니다. 문제점도 많고 불공평도 심화되었지만, 자본주의는 지난 20세기 동안 지구촌의 거의 모든 공동체의 생활수준을 끌어올렸다고 말입니다. 자본주의의 가장 위대한 성취는 인간의 야망과 독창성, 진취성을 강화시켜 세상을 보는 새로운 시각을 창조해냈다는 점이겠지요.

게다가 자본주의는 스스로 만들어낸 상당수 문제들에 대한 해법을 찾아내고 있어요. 자본주의 체제에서 생겨난 이윤은 자본주의 초기 산업혁명의 불량 주거시설을 대체하는 데 쓰였어요. 자본주의는 인터넷을 창조해냈으며, 이는 많은 나라들에서 반(反)민주적인 권력에 저항하는 힘으로, 전 세계 민주주의를 뒷받침합니다. 또한 자본주의는 기업들이 촉발한 지구온난화를 막는 데도 기여하고 있어요.

사람들은 역사에 남겨진 중요한 교훈을 기억해야 합니다. 자본주의가 대중의 최대 이익을 거스르는 쪽으로 작동하는 듯 보일 때마다, 사람들은 자본주의를 길들이는 조치를 취했어요. 고삐 풀린 자유 기업은 독점금지법에 의해 저지돼 노동자들의 노동 조건을 보호했지요. 심지어 20세기 초 러시아와 중국에서는 자본주의에 반대하는 혁명도 일어났죠. 좀 더 최근의 사례를 보면, 대중의 압력에 부응해 각국 정부는 자본주의 기업이 나쁜 경영 습관을 버리고 좀 더 환경 친화적으로 태도를 바꾸라고 강제하고 있어요. 지금까지 자본주의는 인류의 하인이지, 주인이 아니었어요. 이처럼 우리가 그것을 단단히 붙들어 매고 있는 한, 두려워할 건 아무것도 없습니다.

11. 미래의 자본주의는 어떻게 발전해 나가야 할까요?

자본주의는 경제 체제입니다. 그 속에서 개인들(또는 집단들)이 사적 자본(화폐 또는 기계류 같은 다른 형태의 부)과 노동을 사용해 재화와 서비스를 생산합니다. 이렇게 생산된 것들은 자유로운 경쟁 시장에서 이윤을 남기고 팔리게 되죠. 경제 거래 형태로서 자본주의의 뿌리는 중세 시대 이전 최초의 무역업자들까지 거슬러 올라갑니다. 사회 지배력으로서 자본주의는 17세기 후반 서유럽에서 비롯되었다고 봅니다. 자본주의는 17, 18세기에 걸쳐 서유럽과 북아메리카 경

1980년대 후반만 해도, 중국 상하이(Shanghai)의 푸동(Pudong) 지역은 거의 대부분 농토였다. 오늘날 지금 이 지역은 중국 정부의 자본주의적 경제 정책 수용에 힘입어 깜짝 놀랄만한 신도시로 변했다.

제를 장악해 갔고, 이어 20세기 들어 전 세계를 실질적으로 정복했습니다.

역사와 정치

자본주의에 대한 핵심적인 사항은 자본주의를 그냥 내버려두면 부와 불평등을 동시에 만들어낸다는 것입니다. 지구상의 모든 사람들이 자본주의의 생산력 덕을 봅니다. 최소한 어느 정도는 분명 혜택을 보죠. 하지만 동시에 많은 불평등이 생겨나 사회·정치적 위기로 이어집니다.

정부의 규제와 억제를 통해 자본주의의 무자비한 측면을 제어하는 것과, 부를 창출하도록 허용하는 것 사이에서 끊임없이 타협을 추구해온 게 바로 자본주의의 역사라고 할 수 있어요. 그러한 정부 간섭이 없으면 노동자들은 불만스러운 몫밖에 분배받지 못했어요. 분명 노동자의 노동 없이는 절대 생기지 않는 결과물인데도 말이에요.

대공황 시기에 이런 현상은 뚜렷하게 나타났어요. 그 뒤 자본주의 경제에 대한 정부 간섭은 절정에 달했고, 1970년대 후반에 이르러서야 새로운 국면이 열리게 됩니다. 당시 각국 정부는 가능한 한 자유 시장을 규율하지 않는 쪽으로 입장을 바꿉니다. 이는 세계 전반의 비약적인 경제 성장과 함께, 환경오염의 증가,

거대 다국적 기업들의 등장으로 이어졌어요. 이런 와중에 미국의 엔론과 같은 회사들은 엄청난 사기 행각을 벌였다가 들통나기도 했어요. 이에 따라 21세기 초, 정부의 추는 자본주의를 다시 엄격하게 규제하는 쪽으로 움직이게 되었어요.

일반적으로 사회주의 경향을 띤 좌파 정부는 자본주의 규제 정책을 더 선호했어요. 이와 달리 우파 정부는 고삐를 풀어주는 쪽으로 움직였어요. 하지만 번영의 기초인 경제 자유를 허용하기만 하면, 어떤 정부 아래에서든 자본주의 체제는 작동합니다. 정치적 자유가 억압받는 경우에는 좀 어렵긴 하지만, 작동할 가능성은 충분합니다. 지난 수십 년에 걸쳐 존재한 각국의 군사정부 치하 국가들이 이를 증명했죠. 자본주의는 정치적 자유를 선호하는 경향을 띠지만, 그것 없이도 작동할 수는 있어요.

자본주의를 폐지하는 실험은 러시아와 제2차 세계대전 이후 러시아의 지배 아래에 있던 동유럽, 1949년 이후의 중국, 북한, 쿠바, 베트남 등 세계의 일부 공산주의 국가들에서만 일어났어요.

공산주의 국가에서는 자본주의의 몇몇 결함들을 고치기 위한 시도가 진행됐습니다. 예를 들어 공산주의는 모든 국민들에게 일자리를 보장함으로써 실업에 대한 공포를 없앴죠. 하지만 결과적으로 공산주의의 실험은 실패로 끝났어요. 사적 소유와 자유 시장을 정부 계획으로 대체한 것은 경제적 효율을 떨어뜨리고 사람들의 자유를 구속할 뿐이었어요.

저항과 전망

1980년대 말 공산주의 국가들의 붕괴는 자본주의를 의기양양하게 만들었죠. 하지만 박수 소리는 오래가지 못했어요. 신생 자본주의 국가들에서는 가진 자와 못가진 자의 격차가 벌어져 범죄율 증가 등 사회적인 문제로 이어졌고, 환경 훼손에 따른 피해 또한 증가했습니다. 세계화는 이런 문제들을 악화시켰을 뿐 아니라, 선진국에서는 민주주의를 방해하기도 했지요. 1990년대에 후진국에서 저질러진 착취에 분개하거나, 민주주의와 환경에 관한 위협을 걱정하는 사람들이 자본주의에 반대하는 느슨한 연대를 이루자 저항 운동에 힘이 실렸어요. 이런 저항 운동은 21세기에 들어서서도 계속됐습니다. 2005년 스코틀랜드 글렌이글스(Gleneagles)에 열린 선진 8개국 정상회의 등 선진국 지도자들의 모임은 거대한 저항의 물결을 불러일으켰습니다.

착취(exploitation) 이기적으로 또는 불공정하게 빼앗아 이용하는 것을 일컫는다.

많은 사람들은 이 모든 현안들이 자본주의의 잔혹성이라는 공통된 요인에서 비롯됐다고 믿어요. 유명한 말이지만 자본주의는 '모든 것들의 가격을 알지만, 그 가치는 전혀 모릅니다.'

자본주의가 부를 창출하는 가장 효율적인 동력 장치라는 사실에는 대부분의 사람들이 동의해요. 하지만 이 체제 자체가 불행

자본주의에 저항하는 사람들이 2003년 프랑스 에비앙(Evian)에서 열린 선진 8개국 정상회의 반대 시위를 벌이고 있다.

한 이들을 돕는데 관심을 두지 않는다는 점을 지적하지 않을 수 없는 것입니다. 개별적인 자본가들은 그러한 관심을 가질 수 있지만, 전체 체제를 굴리는 것은 이윤 추구에 대한 욕망이지, 남들을 도우려는 선의가 아니에요.

자본주의는 그 체제 자체로는 양심을 충족시킬 수 없기 때문에 사회가 그 일을 해야 합니다. 서양에서는 종교가 이런 양심의 역할을 하곤 했지만, 오늘날 미국 등에서는 종교의 영향력이 급격하게 줄어들고 있어요. 하지만 이슬람 국가들에선 여전히 종교가 강력한 힘을 발휘합니다. 이슬람 테러리스트들의 서양에 대한 증오를 설명하는 하나의 이유가 바로 자본주의의 잔혹함과 자본가의 물질주의입니다. 성스러운 미덕을 좇는 대신 세속적인 가치를 추구한다고 여기는 거죠. 사회주의도 자본주의에 결핍된 평등을 더 많이 추구하면서 자본주의에 양심을 불어넣으려고 시도했어요. 하지만 그것은 더 극단적인 사촌인 공산주의의 오류 탓에 변질됐습니다. 경쟁적이고 개인적인 자본주의가 양심을 되찾아, 21세기의 도전 과제에 제대로 대처하도록 해야 해요.

자본주의에 대한 대조적인 견해

자본주의는 항상 불화와 강력한 반대 의견들을 불러일으켰다. 여성 투표권 획득을 위해 투쟁한 영국의 사회운동가 실비아 팽크허스트(Sylvia Pankhurst)는 '설령 자본주의가 나를 죽인다고 할지라도 그것에 맞서 싸우겠다.'고 맹세했다. 그녀는 다른 사람들이 굶어죽고 있는 동안 잘 먹고 잘사는 것을 잘못이라고 느꼈다. 그와 달리 영국의 수상 윈스턴 처칠(Winston Churchill)은 이윤을 내는 게 잘못이라고 생각하는 사람들은 오직 사회주의자들뿐이며, 또 진짜 범죄는 손실을 내는 것이라고 말했다.

미국의 아이젠하워(Eisenhower) 대통령은 '자유 노동과 자본의 마법 같은 창조성'을 찬양했지만, 그의 동포인 아프리카계 미국인 말콤 엑스

(Malcolm X)는 납득하지 못했다. 그는 이렇게 말했다. "내게 자본가를 보여주시오, 그러면 나는 당신에게 흡혈귀를 보여주겠소."

연표

1492년 콜럼버스, 아메리카 대륙으로 항해
1500~1800년대 상업 자본주의 시대
1500년대 초 개신교 탄생
1770년대 중반 영국 산업혁명 시작
1764년 제임스 하그리브스, 수동식인 초기 형태의 다축 방적기 발명
1767년 리처드 아크라이트, 수력 방적기 발명. 애덤 스미스의 《국부론》 출간
1832년 개혁 입법에 따라 영국의 투표권 확장
1833년 영국에서 노동조건을 규율하는 '제1차 공장법' 제정
1848년 칼 마르크스와 프리드리히 엥겔스의 《공산당 선언》 출간
1851년 영국에서 대영 박람회 개최
1860년대 사회당의 세계적 확산
1867년 마르크스의 《자본론》 발간
1870~1914년 미국과 독일, 산업 생산에서 영국 추월
1890년 미국에서 독점 금지법인 셔먼법 제정
1908년 최초의 대량 생산 자동차인 '포드 모델 T' 등장
1914~1918년 제1차 세계대전
1917년 러시아에서 첫 공산주의 혁명 발발
1918~1919년 프랑스 파리에서 베르사유 조약 체결
1928년 소비에트 정부, 전반적인 경제 계획 수립
1929년 뉴욕 증권거래소에서 주가 대폭락(10월)

1929~33년   대공황
1933년   프랭클린 루스벨트, 제1차 뉴딜정책 도입
1936년   케인스의 《실업, 이자 및 화폐에 관한 일반이론》 출간
1939~45년   제2차 세계대전
1945년   세계은행 및 국제통화기금(IMF) 설립
1947년   냉전 시작. 영국, 인도의 독립 허용(유럽 각국, 식민지에 대한 자치 부여 개시)
1948년   '관세 및 무역에 관한 일반 협정(GATT)' 체결
1949년   중국에 '중화 인민 공화국'이 수립
1950~75년   북아메리카와 서유럽, 일본에서 자본주의 경제 호황
1957년   유럽경제공동체(EEC) 설립
1959년   쿠바 혁명
1961년   줄리어스 니에레레, 훗날 탄자니아로 바뀐 탕가니카 지도자에 등극
1963~75년   미국, 베트남 전쟁 개입
1968년   프랑스에서 일어난 반(反)자본주의 운동('저항의 봄')
1973년   가파른 유가 폭등으로 자본주의 경제 침체
1974년   프리드리히 하이에크, 노벨경제학상 수상
1976년   밀턴 프리드먼, 노벨경제학상 수상
1978년   덩샤오핑, 공산주의 중국에서 시장 개혁 정책 도입
1979~90년   마가렛 대처, 영국 수상 역임
1981~89년   로널드 레이건, 미국 대통령 역임
1989~91년   유럽 공산주의의 종말
1992년   유럽경제공동체, 유럽연합(EU)으로 발전
1993년   미국 · 캐나다 · 멕시코, 북미자유무역지대(NAFTA) 창설
1995년   '관세 및 무역에 관한 일반 협정'을 이어받은 세계무역기구(WTO)

설립
- **1997년** 지구온난화의 원인인 오염 가스를 통제하는 '교토의정서' 채택. '아시아의 호랑이'로 불린 신흥국들의 경제 침체 시작
- **1999년** 미국 시애틀에서 벌어진 거대한 반(反)자본주의 시위
- **2001년** 뉴욕과 워싱턴에 대한 테러 공격
- **2004년** 중국, 세계 최대 자유무역지대 창설을 위해 이웃 나라들과 협정 체결
- **2006년** 케냐 나이로비에서 열린 국제연합(UN) 회의에서 지구온난화 억제를 위한 추가 조치 합의

자본주의 역사에 등장하는 주요 인물

애덤 스미스(Adam Smith, 1723~90) 스코틀랜드의 경제학자이자 철학자. 현대 경제학의 창시자로 여겨집니다. 그는 자유로운 시장 자본주의의 출현을 열렬히 옹호한 첫 번째 인물이었습니다. 그의 저서 《국부론》은 지금도 여전히 중요한 고전의 반열에 올라 있습니다.

헨리 포드(Henry Ford, 1863~1947) 미국의 기술자. 1899년 디트로이트에 포드자동차 공장을 설립했습니다. 9년 뒤 최초로 조립생산 공정을 도입했습니다. 그 유명한 '모델 T'가 여기서 생산됐습니다.

블라디미르 일리치 레닌(Vladimir Ilyich Lenin, 1870~1924) 첫 공산주의 혁명이었던 1917년 제2차 러시아 혁명의 지도자. 권력을 장악한 뒤 자본주의를 폐지하는 조치들을 취해 소비에트 연방을 탄생시켰습니다. 그는 사적 재산권과 자유 시장 작동에 필요한 장치들을 크게 줄였습니다.

존 메이너드 케인스(John Maynard Keynes, 1883~1946) 영국의 경제학자. 제1·2차 세계대전 때 정부 자문역으로 활약했습니다. 그는 독일에 물린 전쟁 배상금이 전반적인 국제 경제에 재앙을 불러일으킬 것이란 점을 정확히 예견하면서 베르사유 조약을 비판했습니다. 1920년대에서 1930년대에 걸쳐 경기를 부양하고 실업을 줄이기 위해 정부 개입을 늘려야 한다고 주장했습니다. 그의 구상은 루스벨트 대통령에게 영향을 끼쳐 미국에서 뉴딜 정책의 도입으로 이어졌습니다.

프랭클린 루스벨트(Franklin Delano Roosevelt, 1882~1945) 대공황의 절정기에 미국 대통령에 당선돼 1933년부터 1945년까지 재임했습니다. 루스벨트 행정부는 뉴딜 정책을 도입했습니다. 이는 경기를 부양하고 사람들을 다시 일터로 복귀시키기 위해 정부 예산을 지출하는 것을 포함한 일련의 정책이었습니다.

밀턴 프리드먼(Milton Friedman, 1912~2006) 1946년에서 1983년까지 시카고대학교에서 경제학을 가르친 교수. 자유로운 시장을 열렬히 옹호해 경제에 대한 정부의 간섭은 화폐 유통량을 제한함으로써 물가급등(인플레이션)을 통제하는 데 한정돼야 한다고 주장했습니다. 그의 사상은 1970년대 경제 위기 뒤 인기를 끌었습니다. 프리드먼은 1976년 노벨경제학상을 받았습니다. 연임에 성공한 로널드 레이건 미국 대통령의 재직 기간(1981~89)에 정책 자문가로 활약했습니다.

프리드리히 하이에크(Friedrich von Hayek, 1899~1992) 오스트리아의 저명한 경제학자이자, 정치학자. 런던대학교(1931~1950)와 시카고대학교(1950~1962)에서 중요한 직책을 맡았습니다. 1944년에 발간한 유명한 저서 《노예의 길(The Road to Serfdom)》에서 자유주의와 자유로운 시장 자본주의를 옹호했습니다. 당시는 경제에 대한 정부의 간섭(케인스주의)이 더 인기를 끌던 시절이었습니다. 1970년대 중반 자본주의 경제의 위기 이후 많은 이들이 그의 구상에 귀를 기울였고, 1974년 하이에크는 노벨경제학상을 공동수상했습니다.

로널드 레이건(Ronald Reagan, 1911~2004) 할리우드 영화배우 출신의 정치인. 캘리포니아 주지사를 지낸 뒤 미국 대통령(1981~1989)을 역임했습니다. 우파 정책을 추진해 세금(특히 기업과 부자들에게 부과되는)과 복지 혜택을 제공하는 데 들이는 정부 지출을 줄였습니다.

마거릿 대처(Margaret Thatcher, 1925~) 975년 영국 보수당의 당수 자리를 거머쥐었습니다. 4년 뒤인 1979년 영국의 첫 여성 총리가 돼 1990년까지 재임했습니다. 가장 강경한 우파 성향을 띠었던 대처 행정부는 자유로운 시장 자본주의를 옹호했고, 경제에 대한 정부의 간섭을 줄이고자 노력했습니다. 대처 재임 당시 노동조합의 힘은 약해졌고, 공적 소유의 산업체들은 사적 소유로 넘어갔습니다.

찾아보기

ㄱ
개신교　　　　　　　　　　　　23
경쟁　　　17, 20, 28, 36, 46, 63, 68, 82
계몽주의 시대　　　　　　　　　23
고정자본　　　　　　　　18, 21, 25
공산주의　29, 41, 46, 53, 57, 58~64, 70,
　　　　　　　　　　　　77, 81, 91
공적 소유　　　　　　　　　　　52
관세　　　　　　　　　　38, 66, 82
국제통화기금(IMF)　　　　　　　67

ㄴ
냉전　　　　　　　　　　　　　62
노동조합　　　　　　　35, 42, 47, 50
노예제　　　　　　　　　　　　51
뉴딜　　　　　　　　　　　　　43

ㄷ
다국적 기업　　　　69~70, 79, 81~84, 91
대공황　　　　　　　　　40, 54, 62, 90

대영 박람회　　　　　　　　　　29
대처(Margaret Thatcher)　　　　47, 55
도로 통행료　　　　　　　　　　79
독재　　　　　　　　　　46, 57, 59
동일성　　　　　　　　　　　　85

ㄹ
레이건(Ronald Reagan)　　　　　47, 55

ㅂ
반독점법　　　　　　　　　　　36
보호주의　　　　　　　　　　　38
복지　　　　　　　　　　44, 47, 82
복지 자본주의　　　　　　　　44, 71
불안　　　　　　　　　　35, 57, 86
불평등　　　　　　15, 47, 51, 71, 83, 90

ㅁ
마르크스(Karl Marx)　　　　　　29
민주주의　　　　　30, 55~57, 84, 88, 92

ㅅ

사회주의　　29, 35, 51~52, 54, 59, 70, 83,
　　　　　　　91, 94
산업혁명　　23, 33, 66, 73, 79, 88
세계무역기구(WTO)　　14, 67
세계은행　　67
세계화　　81, 92
세금　　38, 42, 44, 52, 76
스미스(Adam Smith)　　26~28, 32, 37, 42,
　　　　　　　48, 51, 53, 59, 68
식민주의　　65, 67

ㅇ

아시아의 호랑이들　　68, 82
운전자본　　18~19, 21, 25
이윤　　17~20, 24~28, 31, 35, 38, 60, 74,
　　　　　76, 79, 85, 89, 93~94
이자율　　42

ㅈ

자유 시장　17, 26, 35, 38, 42, 48, 53, 59, 90
자유주의　　48, 50, 53
정부 간섭　　39, 48, 52~54, 90
정부 지출　　43~44, 47
주식시장　　31, 40
지구온난화　　75~76, 88

ㅊ

착취　　92

ㅋ

케인스(John M. Keynes)　　41~43, 45

ㅍ

파시즘　　46
프리드먼(Milton Friedman)　　46

ㅎ

하이에크(Friedrich von Hayek)　　46
후진국　　63, 65~73, 82, 84, 92

내인생의책은 한 권의 책을 만들 때마다
우리 아이들이 나중에 자라 이 책이 '내 인생의 책'이라고 말할 수 있는 책을 만들고자 합니다.

세상에 대하여 우리가 더 잘 알아야 할 교양

⑥ 자본주의 왜 변할까? (원제: Capitalism)

데이비드 다우닝 지음 | 김영배 옮김 | 전국사회교사모임 감수

초판 발행일 2011년 12월 9일 | 2쇄 발행일 2019년 5월 30일
펴낸이 조기룡 | 펴낸곳 내인생의책 | 등록번호 제10-2315호
주소 서울시 성동구 연무장5가길 7 현대테라스타워 E동 1403호
전화 (02) 335-0449, 335-0445(편집) | 팩스 (02) 6499-1165
책임편집 신유진 | 편집 김지연 박소란 손유진 오혜림 유정진 | 마케팅 김정옥 | 디자인 조윤정

이 책의 한국어판 저작권은 BC 에이전시를 통한
저작권자와의 독점 계약으로 **내인생의책**에 있습니다. 신 저작권법에 의해
한국 내에서 보호를 받는 저작물이므로 무단전재와 무단복제를 금합니다.

ISBN 978-89-91813-52-6 (44300)
       978-89-91813-46-5 (세트)

Political and Economic Systems: Capitalism
Text: David Downing
© Capstone Global Library Limited, 2010
All rights reserved

No part of this book may be used or reproduced in any manner
whatever without written permission, except ini the case of brief quotations embodied
in critical articles or reviews.

Korean Translation Copyright © 2011 by TheBookInMyLife Publishing
Published by arrangement with Capstone Publishing,
through BC Agency, Seoul.

책값은 뒤표지에 있습니다. 잘못된 책은 구입처에서 바꾸어 드립니다.

이 도서의 국립중앙도서관 출판시도서목록(CIP)은 e-CIP 홈페이지(http://www.ml.go.kr/ecip)에서 이용하실 수 있습니다.
(CIP제어번호: 2011005144)

내인생의책에서는 참신한 발상, 따뜻한 시선을 가진 원고를 기다리고 있습니다.
원고는 내인생의책 전자우편이나 홈페이지를 이용해 보내 주세요. 여러분의 소중한 경험과 지식을 나누세요.

전자우편 bookinmylife@naver.com | **홈페이지** http://bookinmylife.com

어린이제품 안전 특별법에 의한 제품 표시

제조자명 내인생의책 | **제조 연월** 2019년 5월 | **제조국** 대한민국 | **사용연령** 5세 이상 어린이 제품
주소 및 연락처 서울시 성동구 연무장5가길 7 현대테라스타워 E동 1403호 (02) 335-0449